내 기부금,
어떻게 쓰이는지
아시나요

내 기부금, 어떻게 쓰이는지 아시나요

1판 1쇄 발행 | 2023년 11월 20일

| 지 은 이 | 권오용
| 발 행 인 | 김영희

| 발 행 처 | (주)와이에치미디어 (프리이코노미북스)
| 등 록 번 호 | 2017-000071
| 주 소 | 08054 서울특별시 양천구 신정로 11길 20
| 전 화 | 02-3771-0245
| 팩 스 | 02-3771-0138
| 홈 페 이 지 | vwww.yhmedia.co.kr
| E-mail | fkimedia@naver.com
| I S B N | 979-11-89993-31-3
| 정 가 | 17,000원

◇ 낙장 및 파본 도서는 바꿔 드립니다.

◇ 이 책 내용의 전부 또는 일부를 재사용하려면 반드시 와이에치미디어의 동의를 받아야 합니다.

◇ 내일을 지키는 책 와이에치미디어는 독자 여러분의 원고를 기다립니다. 책을 엮기 원하는 아이디어가 있으면 fkimedia@naver.com으로 간략한 개요와 취지를 연락처와 같이 보내주십시오.

◇ 이 책의 판매금액은 전액 한국가이드스타에 기부됩니다.

내 기부금,
어떻게 쓰이는지
아시나요

이 책의 판매수익은 한국가이드스타에 기부되어
공익법인의 투명성 제고를 위해 쓰이게 됩니다.

권오용 드림

프롤로그

불편한
진실

드디어 정치가 개입했다. 일부 대학들이 천 원짜리 아침밥을 대학생들에게 제공한다고 하자 여야 수뇌부가 경쟁하듯 현장을 방문했다. 그리고 배고픈 대학생의 허기를 달래겠다며 지원책을 쏟아냈다. 여당은 희망하는 모든 대학이 '천 원의 아침밥'을 제공할 수 있게 예산을 늘리겠다고 했다. 그러자 야당은 '하루 두 끼', '방학에도 적용', '전문대 포함' 등으로 몇 발짝 더 나아갔다. 대학생을 대상으로 '하루 3식, 무상배식'이 나오지 않은 게 다행이다.

'천원의 아침밥'은 대학생이 천 원을 내면 중앙정부가 천 원을, 지자체가 천 원을 지원하고 나머지를 대학이 부담해 아침밥을 제공하는 사업이다. 순천향대에서 2012년에 시작돼 올해 145개 대학으로 확대됐다. 물가가 급등하는 가운데 대학생의 식비 부담을 덜어주겠다는 취지는 좋다. 명분이 생긴 셈이다. 그러나 이 사업은 기본적으로 지속가능하지 않다. 동문들의 기부금이 넉넉하거나 재정이 튼튼한 대학이 자체적으로 할 사업이지 나랏돈을 들여 정부가 할 일은 아니다.

'천 원의 아침밥'이 주는 좋은 명분을 확장하자면 끝이 없다. 중졸·고졸 취업자는 값싼 아침밥을 먹을 자격이 없는가? 가난한 그들이 낸 세금이 상대적으로 고소득 가정인 대학생들에게 쓰여도 되는가? 점심, 저녁은 어쩌자는 것인가? 구내식당은 지원하고 대학가 식당은 왜 지원이 없나? 대학생은 밥만 먹고 공부하는가? 급기야 야당은 국회에서 '대학 학자금 무이자 대출법'까지 통과시켰다. 고졸 취업자가 이용할 수 있는 소액 서민금융 대출상품의 이자가 3~4%인데, 대학을 나온 취업자는 이자를 면제받게 된다. 역차별도 이런 역차별이 없다. 이런 류의 혜택은 기간을 한정하고 대상을 엄격히 걸러내야 한다. 그래야 혹시라도 생길 수 있는 부작용을 관리할 수 있다. 손쉬운 퍼주기보다는 고심에 찬 정책이 나와야 한다. 대학의 재정난은 어떻게 풀 것인가? 일자리는 어떻게 창출할 것인가? 연금 개혁은 왜 안 되는가? 정치권은 대학 식당에 달려갈 것이 아니라 국회에 모여 머리를 맞대야 한다. 좋은 뜻에 가려진 불편한 진실에 온 몸을 던지는 정치의 모습을 보고 싶다.

올해 도입된 '고향사랑 기부제'도 불편한 진실을 가지고 있다. 어려움에 처한 지방을 돕자는 취지의 이 또한 명분이 좋다. 그런데 고향사랑에 고향이 사라졌다. 내가 사는 곳을 제외한 전국 어디에든 기부할 수 있게 했다. 범위가 너무 넓어졌다. 거기다 기부금의 30%까지 특산품으로 보상받을 수 있게 해 기부에 대가(代價)가 생겼다. 기부자는 십일조같이 자기 소득의 일정 부분을 염두에 두고 기부를 한다. 파이는 제한돼 있는데 정부가 조금이라도 가져가게 되면 민간 기부가 위축될 수밖에 없다. 그래서 민간 공익법인들은 요즘 걱정이 많다.

거기다 지자체장의 치적 경쟁까지 불붙었다. 벌써 어떤 지자체장은 전국에서 자기가 가장 많이 기부금을 거두겠노라 큰소리를 치고 있다. 그러다보니 지역에 연고를 둔 기업으로서는 신경이 쓰인다. 기부가 또 다른 준조세로 변질될 우려가 있다.

정부가 기부를 받을 일은 아니다. 대가 없는 민간의 순수한 기부를 북돋우는 것이 정부의 할 일이다. 기부를 망설이는 가장 큰 이유는 내 돈이 어디에 쓰이는지 모르겠다는 투명성의 결여라고 한다.

기부의 채널을 민간에서 정부까지 확장시킬 것이 아니라 투명성을 제고할 정책이 나와야 한다. 대안으로 지역에 뿌리를 둔 깨끗한 민간 비영리 공익법인(NPOs)들의 플랫폼을 지자체가 운영해줄 것을 제안한다. 플랫폼에 등재된 공익법인은 모두 투명성 검증을 받게 한다. 지방정부가 아니라 내 고향의 풀뿌리 공익법인으로 기부금이 흘러가게 하자는 취지다. 플랫폼에 게재된 그들의 활동을 보고 기부를 하게 되니 묻지마 기부도 막고 강요된 기부, 대가성 기부도 차단되는 기부문화의 혁신도 기대할 수 있다.

'천 원의 아침밥'이나 '고향사랑 기부제'는 모두 훌륭한 취지고 좋은 명분이다. 그러나 불편한 진실을 내포하고 있다. 거기에 정치가 개입해 오히려 부작용까지 걱정하게 됐다. 돈은 정부보다 민간이 잘 쓴다. 그리고 권력이 돈을 만나면 반드시 부패한다. 이 믿음이 있다면 우리는 좋은 뜻의 불편한 진실을 극복해낼 수 있다.

2023년 11월
권오용

추천사

최중경
한국가이드스타 이사장

> 우리나라 공익법인의 투명성과 효율성을 평가하는 조직에 몸담고 있는 저자의 고민과 성찰이 잘 담겨 있는 책이다. 시민사회의 '질'적 발전을 위해서는 투명성이라는 측정 가능한 이야기로 풀어나가야 한다고 이야기하는 저자의 통찰력을 엿볼 수 있다. 우리나라 기부문화 활성화를 위해 국가는 어떤 제도적 장치를 마련해야 하는지, 공익법인은 투명한 경영을 위해 어떤 노력을 해야 하는지, 그리고 현명하게 기부하기 위해서 기부자가 알아야 할 것은 무엇인지에 대해 명쾌한 답변을 얻으실 수 있을 것이다. 이 책은 우리나라 기부문화에 관심이 있는 사람들이라면 반드시 읽어야 할 필독서이다.

추천사

송필호
전국재해구호협회 회장

"

잊힐 만할 때쯤 나타나는 기부금 사고에 대중들의 반응은 '그럴 줄 알았다'이다. 이러한 사고를 미연에 방지하기 위해 정부에서는 법률과 정책을 통해 공익법인을 규제하고, 공익법인 내에서도 제3자의 투명성 평가를 통해 스스로 돌이켜보는 노력을 확대 중이다. 완벽에 가까운 예방을 위해 꼭 필요한 마지막 단추는 기부자들의 신중한 '선택'이다. 물건 하나 살 때도 가격을 비교하고, 제조사를 조사해보는 것처럼 기부에 있어서도 비교 분석이 필요하다. 시민의 성장이 곧 대한민국 기부문화의 성장이다. 이 책을 통해 좀 더 많은 시민들이 사회에 공헌하는 방식에 대해 고민하고, 또 기부의 기쁨을 알아가길 바란다.

"

추천사

최신원
아너 소사이어티(Honor Society) 총대표

"

　기업이 잘 성장하려면 국가의 법률, 제도, 정책뿐만 아니라 국민들의 소비와 수요가 필요하다. 공익법인도 마찬가지다. 공익 이슈야말로 국민들의 관심을 필요로 하는 분야로 최고의 신뢰성을 보여줘야 한다. 저자는 공익법인의 지속가능성과 안정성을 지키는 방법으로 투명성 평가를 주장한다. 영리와 비영리 섹터 구분 없이 평가는 사업을 환류하기 위해 꼭 필요한 단계이다. 더 나은 모습을 위해 반드시 짚고 넘어가야 하는 것이다. 기부금을 받는 모든 단체가 이 책을 통해 성찰의 기회와 시선을 갖고 기업가 정신으로 공익 문제 해결을 위해 앞서 나갔으면 한다.

"

프롤로그 불편한 진실 • 5

추 천 사 최중경·송필호·최신원 • 9

제1장 대한민국 기부문화의 현주소는 어디쯤일까

01 우리나라 기부지수 114개국 중 110위! • 18
02 경제 선진국 vs. 기부 선진국 • 22
03 왜 기부하는 사람들은 계속 줄어드는 것일까 • 27
04 투명한 기부문화는 조세 정의를 실현한다 • 35
05 제도와 기술의 융합으로 기부 투명성 확보하자 • 39
06 국가보조금을 검증하자 • 45
07 기부단체에 대한 정확한 정보제공으로 투명성이 강화된다 • 50
08 기부금과 보조금을 통합 관리하자 • 54
09 국민의 알 권리 차원에서 반드시 개선되어야 할 정부 보조금 제도 • 59
10 공익법인을 깨끗하게, 더 투명하게 • 63
11 사회복지공동모금회의 사업이 더욱 빛나려면… • 69
12 부자 동네 이미지가 강한 강남구의 기부지수는 어떨까 • 74

제2장 당신의 기부금은 안전한가요

01 내가 낸 기부금은 어떻게 쓰였을까 • 80
02 우크라이나 기부금은 어디로 갔을까 • 85
03 고향사랑 기부금을 내고 보니… • 91
04 나라를 뒤흔든 공익법인의 미래 • 96
05 대통령 기념 공익법인의 현상 • 100
06 공익법인은 설립자의 것이 아니다 • 105
07 당신의 기부금은 안전한가요 • 110
08 공익 분야 종사자의 고액 연봉을 어떻게 볼 것인가 • 115
09 공익법인의 반복되는 부실공시, 무엇이 문제인가 • 120
10 외부 회계감사는 왜 필요할까 • 125
11 공익법인의「투명싱 리포트」를 제안한다 • 131
12 기부금 투명성 제고 요구에 정부가 화답하다 • 135
13 공익목적사업 수행비용 내역서 • 140
14 기부자들의 착한 마음을 열려면… • 145

제3장   선한 영향력의 완결판, '기부 선진국으로'

01 행복도 검증되나요 · 152
02 '경제'와 '문화' 아우르는 기부 선진국을 상상해 보라 · 157
03 기업 기부금 제도를 ESG의 관점에서 재정립하면 어떨까 · 162
04 'ESG'와 '혁신', 한국경제를 진정한 성공의 길로 이끌다 · 166
05 한국 기업의 ESG 경영, 또 다른 성장의 기회 될 것 · 172
06 시대 조류를 꿰뚫어 본 SK가(家)의 사회공헌활동 · 178
07 효성가(家), '애국보훈' 활동의 뿌리를 되돌아보다 · 183
08 "전 재산 사회 환원하겠다"는 유한양행 창업자의 울림 · 188
09 이재용 시대의 도래, 삼성의 사회공헌에 바란다 · 193
10 삼성전자가 선택한 공익법인들(NPOs) · 198
11 동네 중국집도 리뷰가 붙고 평점이 매겨지는데… · 202
12 선한 영향력, 기부가 빛을 발하려면… · 207
13 보헤미안 랩소디 속의 기부문화 · 212
14 대기업이 선택한 공익법인들(NPOs) · 219
15 공익법인 결산서류의 현재와 미래를 톺아보다 · 225

제4장 더 나은 세상을 위한 걸음을 시작하자

01 남을 위해 소비해보는 것은 어떨까요 • 232
02 기부 캠페인의 성공적 발전 사례 • 236
03 단 하루에 우리나라 연간 기부액의 30%를 모았다 • 242
04 우리도 이런 날을 하나 가질 수 없을까 • 245
05 화요일을 특별하게, 기빙튜즈데이! • 249
06 사이비 공익법인이 기업을 파고들게 해선 안 돼 • 254
07 공익법인의 신탁이사회 구성을 제안한다 • 259
08 기부하면 면죄 되나 • 263
09 기부에 정답이란 건 없다 • 268
10 공익법인과 정치 • 272
11 예비 퍼스트레이디들의 기부와 봉사는 누가 물어보나 • 277
12 유엔의 이름도 이제는 검증되어야 한다 • 283
13 조용하지만 확실하게 세상을 바꿔 가는 또 다른 한류 • 288
14 유명한 가수의 팬처럼, '팬심'으로 기부하자 • 292
15 더 나은 세상을 위하여! • 296
16 해외 재난현장의 '원팀 코리아' • 302
17 깨끗해야 행복하다 • 306

에필로그 나눔의 진정한 의미를 생각하자 • 310

내 기부금,
어떻게 쓰이는지 아시나요

제1장

대한민국 기부문화의 현주소는 어디쯤일까

01

우리나라 기부지수
114개국 중 110위!

영국의 자선지원재단(CAF : Charities Aid Foundation)이 발표한 '2021 세계기부지수'에서 우리나라가 전체 114개 국가 중 110위를 기록했다. 자선기부와 봉사활동 경험에서 모두 하락세를 보였다. 충격이었다. 2019년 57위에서 세계 최하위권으로 추락한 것이다. 또 통계청의 2021년 사회조사결과에서는 기부를 하지 않는 이유들 중, '기부에 대한 무관심' 비율이 높아진 것으로 나타났는데, 우리나라의 기부 민심이 싸늘해지고 있다는 것을 의미하는 결과였다.

이러한 통계자료들을 종합적으로 볼 때, 우리나라의 기부문화는 위축되어 있음이 분명하다. 통계 결과로도 알 수 있듯이 그 원인은 사회적 무관심에 있다.

2022년 초 대통령 선거를 앞두고 한 매체가 예비 퍼스트레이디

CAF가 발표한 '세계기부지수'의 대한민국 순위

세계기부지수	대한민국 순위	낯선 사람 돕기	자선단체 기부	자원봉사활동
2019년	57위	78위(43%)	38위(34%)	53위(20%)
2021년	110위	112위(29%)	59위(28%)	100위(10%)

주 : 총 114개국 대상 조사

기부 경험 및 기부하지 않은 이유

	기부 경험 없음	기부하지 않은 이유					
		경제적 여유가 없어서	기부에 관심이 없어서	기부단체 신뢰할 수 없어서	직접 요청을 안 받아서	기부 방법을 몰라서	기타
2019년	74.4	51.9	**25.2**	14.9	4.9	3.0	0.1
2021년	78.4	45.8	**35.0**	12.2	4.3	2..5	0.1

자료 : 통계청 보도자료 발췌

두 명의 기부와 봉사 경험을 물어봤다. 그런데 양 캠프 모두 대답이 없었다. 1원도 기부한 적 없고 1시간도 봉사한 적이 없다는 결론을 낼 수밖에 없었다. 둘 모두 돈에 관한 구린 스캔들만 있었나.

역대 대통령들의 기념사업을 하는 공익법인들을 보자. 이들은 총 비용의 30~50%까지 보조금 지원을 받는다. 그런데 세제 혜택을 받는 기부금과 국민의 혈세로 조성된 보조금을 제대로 관리하는 곳은 찾아보기가 어렵다. 투명성이 검증된 곳은 한 군데도 없었다.

최근 국가보훈처의 광복회에 대한 감사 결과도 충격적이었다.

광복회는 그 이름 자체가 너무나 거룩하다. 선열들이 흘린 피에 대한 후손들의 정성이다. 그런 곳에서도 비리가 터졌다. 광복회의 2021년 한 해 기부금 수익은 약 10억 원, 보조금 수익은 약 45억 원이다. 광복회의 한 해 전체 수익의 약 70% 가량이 국민들의 세금(보조금)과 기부금에서 발생한다. 그런데 8억 원이 넘는 기부금 유용과 법인카드 부정 사용 등의 회계 비리가 터져버렸으니, 기부단체에 대한 국민들의 신뢰를 어떻게 기대할 수 있겠는가.

앞서 언급한 기부, 봉사와 관련된 통계자료를 분석해 보면, '기부문화 확산'을 위한 선결과제를 찾아낼 수 있다. 바로 기부에 대한 무관심, 사회적 체념의 해결이다. 이를 위해서는 기부단체를 믿고 기부할 수 있게끔 사회분위기가 형성되어야 한다. 이러한 사회분위기를 형성하기 위해서는 우선 사회지도층의 진정성 있는 봉사와 기부가 필요하다. 또 기부자의 눈으로 기부금을 받는 단체들이 체계적으로 평가될 수 있어야 한다. 누군가(혹은 조직) 모금단체를 모니터링하고 그 결과를 대중에게 전달해 주어야 한다.

한국의 경우 공익법인을 평가하는 단체는 '한국가이드스타'가 유일하지만, 미국의 경우 채리티내비게이터(Charity Navigator), BBB wise giving(Better Business Bureau), 채리티워치(Charity Watch), 기브웰(Givewell) 등이 있다. 기부자들이 다양한 평가 정보를 참고하여 믿음이 가는 기부처를 선택하거나, 기부자들이 자신들이 기부한 단체가 기부금을 잘 쓰고 있는지 확인하는 데 도움이 될 것이다.

　마지막으로 기부금과 보조금을 통합 관리해야 한다. 현재 국세청 홈택스를 통해 누구나 기부금의 지출 내역은 살펴볼 수 있다. 하지만 전체 공익법인의 수입 중 절반 정도를 차지하는 보조금의 쓰임새는 공개되어 있지 않다. 기부금 지출내역을 누구든지 확인할 수 있는 것처럼 보조금의 지출내역도 투명하게 공개해야 한다.

　이제 서늘한 바람이 불기 시작했다. 다가올 겨울에 소외된 이웃들이 기부의 손길로 따뜻한 겨울을 나고 삶의 희망을 얻었으면 좋겠다. 대중에게 "기부에 대한 사회적 관심을 가져라!"라는 메시지를 던지는 것도 좋지만, 그보다 우선 사회시스템적으로 기부에 대한 무관심을 해결하기 위해 노력하는 것도 중요한 과제가 됐다. 사회지도층의 적극적 관심과 기부자의 참여를 바탕으로 2023년에는 우리의 기부지수가 도약하는 또 다른 충격을 맛보기를 기대해 본다.

‖데일리임팩트 2022.09.30.

02

경제 선진국 vs. 기부 선진국

2020년 새해 벽두부터 호주 산불 피해 야생동물을 위해 기부하여 노블레스 오블리주를 실천하는 국내외 스타와 기업들이 많다. 우리나라 굴지의 기업 삼성전자는 산불로 큰 피해를 본 호주 지역 사회를 지원하기 위해 100만 호주 달러(한화 약 8억 원)을 기부했다. 할리우드 배우인 레오나르도 디카프리오는 호주의 산불 진화를 돕기 위해 300만 달러(한화 약 35억 원)을 기부한다고 했다. 그는 자신이 후원하는 환경재단인 '어스 얼라이언스'가 만든 산불 펀드를 통해 호주 지역의 단체들과 협력해 구호활동도 펼칠 계획이라고 전했다.

이러한 세계적인 기부 이슈 속에서 한국의 기부문화 또한 지속적으로 발전해 왔다. 2019년 12월 국세청에서 발표한 국세통계연보에 따르면 우리나라의 기부금은 약 13.9조 원, 2018년 대비 약 1

조 원 증가했다. 2016년 국정농단 사태에 이어 2018년 새희망씨앗, 어금니아빠 사건 등으로 '기부포비아'라 할 정도로 위축됐던 기부환경을 감안하면 예상외의 증가였다.

그런데 영국의 자선지원재단에서 2019년 10월 발표한 세계기부지수(2009~2018 집계 수치)[1]에 따르면 우리나라는 128개국 중 57위를 차지했다. 지난 10년간 가장 관대한 나라는 미국이었으며, 미얀마, 뉴질랜드가 그 뒤를 이었다. 가장 관대하지 않은 나라는 중국이었으며, 이어 그리스와 예멘이 하위권을 차지했다. 그렇다면 경제선진국들이 기부도 잘한다고 말할 수 있을까.

세계기부지수 분석 자료에 따르면 OECD 회원국 중 GDP 순위가 가장 높은 경제 선진국 미국이 세계기부지수도 가장 높은 것으로 나타났다. 이어 OECD 회원 36개국 중 세계기부지수 순위가 높은 나라는 뉴질랜드(3위), 호주(4위), 아일랜드(5위), 캐나다(6위) 순이었으며, 우리나라는 57위로 중간에 위치했다. 또한 GDP 순위 4위인 독일은 기부지수순위 18위, GDP 순위 5위인 영국은 기부지수순위 7위, GDP 순위 11위인 캐나다는 기부지수순위 6위, GDP 순위 13위인 호주는 기부지수순위에서 4위를 차지해 GDP 순위 10위

---

[1] 세계기부지수는 자선 행동의 세 가지 형태를 측정한다. 개인이 지난 한 달 동안 현금을 기부한 적 있는지, 자원 봉사를 한 적 있는지, 낯선 사람을 도와준 적 있는지 여부를 나타낸다. 이 세 가지 측정값을 집계하여 각 국가의 전체 등급을 산출했다.

OECD 회원국들의 세계기부지수 순위(2018)

국가명	OECD 국가중 순위 (36개국)	세계기부지수 순위 (146개국)	세계기부지수 (%)	낯선사람 돕기 (%)	돈 기부 (%)	자원봉사 (%)	GDP (억 달러)	GDP 순위
호주	1	2	59	65	71	40	13,234	9
뉴질랜드	2	3	58	66	68	40	2,058	27
미국	3	4	58	72	61	38	193,906	1
아일랜드	4	5	56	64	64	40	3,337	21
영국	5	6	55	63	68	33	26,224	4
네덜란드	6	11	51	52	66	37	8,262	13
노르웨이	7	13	50	54	65	332	3,988	19
캐나다	8	15	49	57	56	33	16,530	7
아이슬란드	9	17	48	50	65	27	239	36
독일	10	22	46	58	55	26	36,774	3
덴마크	11	24	46	58	56	23	3,248	22
스위스	12	26	45	40	60	37	6,788	14
오스트리아	13	32	44	52	54	26	4,166	18
이스라엘	14	38	42	50	53	23	3,508	20
벨기에	15	39	41	51	45	27	4,926	17
룩셈부르크	16	41	41	40	50	33	624	31
스웨덴	17	42	41	52	57	13	5,380	15
핀란드	18	44	40	53	39	26	2,518	24
슬로베니아	19	47	39	47	35	35	487	32
스페인	20	54	36	56	35	17	13,113	10
한국	**21**	**60**	**34**	**47**	**40**	**15**	**15,302**	**8**
칠레	22	61	34	36	53	12	2,770	23
이탈리아	23	68	33	46	35	17	19,347	6
프랑스	24	72	32	37	27	31	25,826	5
포르투갈	25	83	28	50	20	15	25,175	25
슬로바키아	26	88	28	32	31	22	957	30
에스토니아	27	109	26	34	27	16	259	35
폴란드	28	112	24	34	24	15	5216	16
멕시코	29	114	24	45	13	14	11,499	11
헝가리	30	120	23	36	22	12	1,391	29
체코	31	125	22	26	21	19	2,157	26
일본	32	128	22	23	18	23	48,721	2
터키	33	131	20	40	12	9	8,511	12
라트비아	34	137	19	28	21	9	302	34
리투아니아	35	138	19	0	19	18	471	33
그리스	36	143	17	36	7	7	2,002	28

주 : OECD국가 및 GDP는 외교부 홈페이지 참조

권 내외의 경제 선진국 중 절반은 경제와 기부가 양의 상관관계를 보였다.

그러나 이와 반대로 음의 상관관계를 보이는 국가도 있었다. 경제규모가 커도 기부지수는 한참 낮은 대표적 나라는 일본이었다. 한국은행 자료(2018년)에 따르면 일본은 GDP 4조 9,709억 1,555만 달러로 세계경제규모 3위였으나, 기부지수는 한참 아래인 126개국 중 107위에 머물렀다. GDP 순위 6위인 프랑스의 기부지수순위는 66위, GDP 순위 8위인 이탈리아의 기부지수순위는 54위에 그쳤다.

우리나라 또한 다르지 않았다. 우리나라는 OECD 국가 중 GDP 순으로 10번째에 위치한 점을 고려하면 기부지수 57위는 국가 경제규모와 비교해 기부에 참여하는 수준은 떨어지는 것으로 풀이된다. 무엇 때문에 이런 격차가 발생할까.

한국보건사회연구원에 따르면 우리나라 국민이 기부하지 않는 이유는 '기부금 사용처가 투명하지 않아서'라는 응답이 60.7%로 1위였다. 기부를 한 사람조차도 61.7%가 제대로 썼는지 알 수 없다고 답했다. 결국 내가 내는 기부금의 쓰임새를 투명하게 알 수 있다면 국력에 걸맞은 만큼의 기부 순위를 확보할 수 있을 것으로 보인다. 경제지수와 기부지수의 격차 해소는 방법의 문제이지 불가능한 과제는 아니라고 할 수 있다.

기부문화의 투명성 확보는 조세 정의의 실현과도 직접적으로 연관되어 있다. 우리나라의 기부금이 14조 원 가량인데 법인·소득세율 15%를 기준으로 계산해 보면 약 2.1조 원의 세금을 거두지 않고 민간에 유보한 것과 같은 효과다. 국가가 더 거둘 수 있는 세금을 공익목적에 사용한다는 이유로 징수하지 않은 것이기 때문에 기부문화의 투명성은 반드시 확보되어야 한다. 그것이 세금을 정상적으로 납부한 납세자를 위한 조세 정의에 부합한다.

정부는 비영리 투명성을 둘러싼 우리 사회의 달라진 분위기를 반영하듯 지난 2018년 공익법인회계기준을 제정하였으며, 이에 따라 공익법인과 관련된 제도들도 변화를 맞이했다. 공익법인에 새롭게 적용될 투명성 강화를 위한 세법 개정안을 확정하였다.

앞으로 우리나라에서도 선한 영향력을 행사하려는 기업과 부자들은 더 늘어날 것이다. 이들이 더 쉽게 사회에 기여할 수 있도록 제도와 환경이 뒷받침되어야 하는 것은 물론 기부자들의 기부에 대한 인식도 변화해야 한다. 한국가이드스타가 제공하는 공익법인 평가정보는 개인 기부자들뿐 아니라 기업들의 사회공헌활동에도 크게 도움이 될 수 있다. 기부 인식 변화를 통해 기부 후진국에서 벗어나 기부 선진국으로 발돋움하는 원년이 되기를 기대해 본다.

‖디지털타임스 2020.02.17.

03

왜 기부하는 사람들은
계속 줄어드는 것일까

국제 자선단체 영국자선지원재단(CAF)이 2021년에 발표한 '세계 기부지수'에 따르면 우리나라의 기부 순위는 114개국 중 59위였다. 이는 조사에 참여한 OECD 국가 36개국 중 22위에 그치는 수준이었으며, 세계 10위권의 국내 총생산(GDP) 순위에 비해서도 크게 뒤떨어진다. '2021년 통계청 사회조사'에 의하면 지난 1년 동안 기부 경험이 있는 사람은 21.6%, 향후 기부 의사가 있는 사람은 37.2%로 나타났는데, 이 결과는 2019년 조사결과 대비 기부경험률과 향후 기부의향률 모두 약 3%~4%p가 감소한 수치였다.

왜 기부하는 사람들은 계속 줄어드는 것일까. 통계청 조사에 따르면, 사람들이 기부를 안 하는 이유로 '기부에 관심이 없어서'라는 응답이 35%로 비교적 높게 나타났으며, '기부단체를 신뢰하지 못해서'라는 응답도 12.2%나 차지하였다. 기부에 대한 우리 사회의 무관심과 기부단체에 대한 불신이 우리나라 기부문화를 위축시키는 주요 원인인 것으로 보아도 무리가 없어 보인다.

그동안 공익법인들은 적극적인 모금 활동을 통해 대중들과의 소통은 늘려왔지만, '기부를 하세요'라는 메시지만 강조했고, 기부자와의 신뢰 형성과 관련된 본질적인 소통은 부족했다. 2020년도 '정의기억연대'의 회계부정 의혹 사건 이후, 공익법인의 투명성에 대한 이슈가 사회적으로 대두되었고, 이로 인해 최근 몇 년간 공익법인의 투명성 확보와 관련된 연구나 세미나가 활발히 진행되었다. 연구자들은 "공익법인들이 기부자를 주체적인 역할로 바라보고 적극적으로 정보를 공유하려는 관점이 중요하다"고 입을 모아 얘기했다. 기부는 '의무'가 아닌 '자발적'으로 하는 것인데 다수의 공익법인들은 외부의 강요 때문에 혹은 법적 책임 때문에 공시를 하고 있는 것 같다. 국세청 공시에 한정돼 국세청에 공시만 하면 의무를 다했다고 생각할 것이 아니라 법적 의무를 넘어 책임의식을 가지고 기부자들에게 자발적으로 필수 정보들을 공개하고 소통해야 하는데 말이다.

기부문화 활성화를 위해 정부의 정책적 의지도 필요하겠지만, 공익법인 스스로의 노력도 필수적이다. 그리고 그 노력의 방법들은 관점에 따라 다양하게 나올 수 있지만 '소통'은 중요한 키워드가 될 수 있다고 본다. 공익법인과 기부자 간의 소통은 지금 우리가 당면하고 있는 많은 오해와 문제들을 해결할 수 있는 좋은 매개체가 될 것이다.

그렇다면 공익법인이 할 수 있는 소통은 어떤 것들이 있을까.

국세청에 공시하는 결산서류를 홈페이지에 공개하는 것은 기부자들과 소통하는 방법 중 가장 쉬운 일이다. 결산서류를 통해 기부금을 얼마 받았는지, 그리고 어디에 얼마나 사용했는지를 상세하게 알 수 있다. 또 일반관리비나 모금비로 얼마나 지출했는지도 확인이 가능하다.

사랑의달팽이

출처 : 사랑의달팽이 홈페이지(www.soree119.com)

물론 국세청 공시양식은 기부자들이 보기에 어렵고 복잡할 수 있기 때문에 이 공시 양식에 얽매이지 말고 법인의 홈페이지나 블로그를 통해서 다양한 정보를 공시하면 기부자들의 이해를 도울 수 있다. 일례로 연차보고서를 만들어 1년 동안의 사업성과와 결산내역을 보여주는 것도 기부자들과 소통하는 방법 중 하나일 것이다. 결산내역이나 사업성과를 담은 연차보고서를 제작한다는 것은 정기적으로 법인의 전체 수입 및 지출 정리를 통해 재정 상태를 확인하고, 한 해 사업에 대해 평가하여 더 나은 사업을 위해 노력하고 있다는 의미이다. 또 '이사회 회의록'을 홈페이지에 공개함으로써 법인 운영의 투명성을 기부자들에게 알릴 수 있다. 공익법인의 이사회는 법인 운영에 관한 다양한 사안들에 대해 의사결정을 하는 역할을 한다. 따라서 이사회 회의록을 공개한다는 것은 기부자들에게 법인 사업에 대한 의사결정뿐 아니라 운영에 관한 사항을 투

밀알복지재단

윤리경영시스템	재무보고	감사보고	연차보고	이사회의 공시
번호	제목	작성기관	게시종류	등록일
66	제175차 이사회회의록 공개	밀알복지재단	법인 이사회 회의	2022.02.24
65	제174차 이사회회의록 공개	밀알복지재단	법인 이사회 회의	2022.02.07
64	제173차 이사회회의록 공개	밀알복지재단	법인 이사회 회의	2021.12.23

출처 : 밀알복지재단 홈페이지(www.miral.org)

록펠러재단 임직원 정보 공개

출처 : 록펠러재단 홈페이지(www.rockefellerfoundation.org)

명하게 공개하고 공유하겠다는 법인의 투명성 확보 노력과 의지를 확인할 수 있는 소통의 수단이다.

   그 밖에도 홈페이지에 주요 직원의 명단과 연락처를 공개하여 소통의 문을 열어두는 방법이 있다. 실제로 미국의 비영리기관의 투명성과 재무 건전성을 평가하고 있는 비영리 평가기관 'Charity Navigator'는 투명성 평가지표 중 하나로 '비영리기관의 홈페이지에 주요 직원들의 명단과 연락처가 공개되어 있는지'가 포함되어 있다. 또 빌&멀린다 게이츠 재단, 포드 재단, 록펠러 재단 등의 저명한 100여개 비영리재단들이 참여하고 있는 투명성 평가 서비스

툴인 'Glasspockets' 역시 '임원 및 직원의 명단과 이력이 게시되어 있는가'가 평가지표로 포함되어 있다. 우리나라에서도 투명경영 등을 이유로 공공기관 및 사회복지공동모금회도 홈페이지에 전체 직원의 이름과 연락처를 공개하고 있다.

마지막으로 공익법인 스스로 자기 법인을 평가해 보고 스스로 개선해야 할 부분을 찾는 것이다. 기업이 ESG 경영을 실천하기 위해 외부에 공개된 ESG평가지표 항목들을 토대로 스스로 내부에서 미리 평가해 보는 것처럼, 공익법인도 투명성 및 재무효율성을 내부에서 자율적으로 평가하고 스스로 더 나은 공익법인이 되기 위해 노력해야 한다. 외부에 노출되어 있는 공익법인 평가지표는 대표적으로 '(재)한국가이드스타'에서 개발한 GSK4.0 평가지표와 '(재)동천'에서 개발한 NPO운영 셀프 체크리스트가 있다. 이러한 평가지표들을 활용하여 자체적으로 평가하고 미흡한 부분들을 스스로 개선하고자 노력한다면 기부자들은 그 노력을 반드시 알아줄 것이다.

어떤 기부단체는 "우리는 일일이 다 공개하고 있지는 않지만 스스로 투명하게 운영하고 있습니다"라고 말한다. 그리고 실제로 그 기부단체는 정말 투명하게 운영하고 있을 수도 있다. 하지만 말하지 않고 보여주지 않으면 대중들은 알 수 없다. '새희망씨앗'과 같은 곳이 한 번만 언론에 크게 보도되어도, 기부단체가 다 '새희망씨

한국가이드스타 자체평가 지표

연번	평가 영역	평가지표	평가자료	참조 평가모델 GSK 4.0	참조 평가모델 Glass pockets	참조 평가모델 자체개발
1	적무성	한국가이드스타의 미션에 맞게 사업이 운영되고 있습니까?	홈페이지		√	
2	적무성	이사회는 정기적(연 1회 이상)으로 개최하고 있습니까? (사단법인의 경우, 총회 연 1회 이상 또는 이사회 연 1회 이상)	회의록			√
3	적무성	연례보고서를 홈페이지에 공개하고 있습니까?	홈페이지	√		
4	적무성	매년 조직의 모든 사업을 포함하는 '연도별 사업계획서'가 있습니까?	사업계획서			√
5	적무성	결재절차, 위임전결 등 대표의 의사결정과정을 관리하는 내부규정이 있습니까?	운영규정			√
6	적무성	기부금 영수증 발급대장을 관리하고 있습니까?	기부금 영수증 발급대장			√
7	적무성	조직 내 예산편성과 자금집행을 관리하는 '회계규정'이 있습니까?	운영규정		√	
8	적무성	공익법인회계기준에 따라 재무제표를 작성하고 있습니까?	내부·외부 감사보고서			
9	적무성	개인정보처리지침을 홈페이지에 공개하고, 개인정보의 수집 시 정보주체에게 사전에 동의를 받고 있습니까?	개인정보 처리지침/ 홈페이지	√		
10	적무성	특수관계인에 대한 내부 거래를 규율하는 정책이 있습니까?	운영규정	√		
11	적무성	공익법인 결산서류 등을 국세청에 제출하기 전, 전체 사본을 모든 이사 및 임원에게 제공하였습니까?	발신기록 (이메일 등)			√
12	적무성	회계서류 등 중요서류에 대한 보존기한, 유지, 폐기 등을 관리하는 내부규정이 있습니까?	운영규정	√		
13	투명성	공익법인 결산서류 등의 공시 자료에 '설립시 출연자 정보'를 기재하였습니까?	공시서류	√		
14	투명성	이사회 구성권과 주요 직원 리스트를 홈페이지에 공개하고 있습니까?	홈페이지	√		
15	투명성	공익법인 결산서류 및 외부감사보고서를 홈페이지, 블로그 등에 공개하고 있습니까?	공시서류/ 외감보고서	√	√	
16	투명성	기부금 모금 및 집행 실적을 홈페이지에 공개하고 있습니까?	홈페이지			√
17	투명성	총회 및 이사회의 회의록을 홈페이지나 블로그 등에 공개하고 있습니까?	홈페이지	√	√	
18	직무 효율성	최근 3년간 총 '공익목적사업 비용' 중 '사업수행비용'이 차지하는 비율을 적정합니까? 최근 3년간의 평균값이 얼마입니까?	국세청 공시자료	√		
19	직무 효율성	최근 3년간 기부금 수입 중 모금비용이 차지하는 비율을 적정합니까? 최근 3년간의 평균값이 얼마입니까?	국세청 공시자료	√		
20	직무 효율성	최근 3년간 공익목적사업 비용 중 모금비용이 차지하는 비율을 적정합니까? 최근 3년간의 평균값이 얼마입니까?	국세청 공시자료	√		

앗'과 같이 기부금을 함부로 사용하고 탈세를 하는 곳이라고 오해하게 되는 것은 한순간이다. 이런 오해를 막기 위해서는 공익법인이 먼저 적극적으로 대중들에게 손을 내밀고 소통을 해야 한다. 그리고 앞서 얘기한 다양한 소통 방법을 통해 대중들의 '기부 불신'이라는 벽을 허물 수 있을 것이다. 더불어 공익법인 스스로도 투명성을 개선하려는 의지와 노력을 대중들에게 보여줄 때 우리나라 기부문화는 자연스럽게 확산되지 않을까 생각해 본다.

∥데일리임팩트 2022.03.28.

04

투명한 기부문화는
조세 정의를 실현한다

국세통계연보에 따르면 2017년 우리나라의 기부금은 약 12조 9,000원, 2016년도 대비 약 2,000억 원 증가했다. 새희망씨앗, 어금니아빠 사건으로 '기부 포비아'라 할 정도로 위축됐던 기부환경을 감안하면 예상외의 증가였다.

2018년 기부단체의 책무·투명성도 많이 좋아졌다. 2018년 국세청 공시 결산서류를 토대로 한국가이드스타가 조사한 결과에 따르면 책무·투명성에서 만점을 받은 공익법인은 143개, 2017년의 94개에 비해 많이 늘어났다. 둘의 상관관계만을 놓고 본다면 공익법인의 투명성 제고가 악화된 기부환경을 상쇄하고도 남아 기부금 증가로 연결된 것으로 해석된다.

그런데 영국 CAF에서 2018년 10월 발표한 세계기부지수에 따르면 우리나라는 146개국 중 60위를 차지했다. 우리나라의 경제규모가 세계 10위권임을 감안하면 한참 치고 올라가야 마땅한 부끄러운 수치다. 무엇 때문에 이런 격차가 발생할까.

한국보건사회연구원에 따르면 우리나라 국민이 기부를 하지 않는 이유는 '기부금 사용처가 투명하지 않아서'라는 응답이 60.7%로 1위였다. 기부를 한 사람조차도 61.7%가 제대로 썼는지 알 수 없다고 답했다. 결국 내가 내는 기부금의 쓰임새를 투명하게 알 수 있다면 국력에 걸맞은 기부 순위를 확보할 수 있을 것으로 보인다. 경제지수와 기부지수의 격차 해소는 방법의 문제이지 불가능한 과제는 아니라고 할 수 있다.

기부문화의 투명성 확보는 조세 정의의 실현과도 직접적으로 연관되어 있다. 우리나라의 기부금이 13조 원 가량인데 법인·소득세율 15%를 기준으로 계산해 보면 약 2조 원의 세금을 거두지 않고 민간에 유보시킨 것과 같은 효과다. 국가가 더 거둘 수 있는 세금을 좋은 데 쓴다는 이유로 징수하지 않은 것이기 때문에 기부문화의 투명성은 반드시 확보되어야 한다. 그것이 세금을 정상적으로 납부한 납세자를 위한 조세 정의에 부합한다.

2018년에 기획재정부가 공익법인의 회계기준을 구체화하고 국세청이 개정 공시양식을 적용키로 한 것은 이러한 취지에서일 것이다. 정부가 추진 중인 공익위원회의 설립도 투명한 기부문화의

영국자선재단 2018 세계기부지수

Country	Region	Ranking	Score	Country	Region	Ranking	Score
Mauritius	Eastern Africa	25	46% ▲	Sierra Leone	Western Africa	20	47%
Mexico	Central America	114	24%	Singapore	South Eastern Asia	7	54% ▲
Moldova (Republic of)	Eastern Europe	99	27%	Slovakia	Eastern Europe	88	28%
Mongolia	Eastern Asia	45	39%	Slovenia	Southern Europe	47	39% ▲
Montenegro	Southern Europe	116	24%	South Africa	Southern Africa	40	41%
Morocco	Northern Africa	104	26% ▲	South Sudan	Northern Africa	48	39% ▲
Mozambique	Eastern Africa	79	29%	Spain	Southern Europe	54	36% ▲
Myanmar	South Eastern Asia	9	54% ▼	Sri Lanka	Southern Asia	27	45%
Namibia	Southern Africa	73	32%	Sweden	Northern Europe	42	41%
Nepal	Southern Asia	52	37%	Switzerland	Western Europe	26	45% ▲
Netherlands	Western Europe	11	51%	Taiwan, Province of China	Eastern Asia	64	34%
New Zealand	Australia and New Zealand	3	58%	Tajikistan	Central Asia	36	42% ▼
Nicaragua	Central America	67	33% ▲	Tanzania(United Republic of)	Eastern Africa	84	28% ▼
Niger	Western Africa	71	32% ▲	Thailand	South Eastern Asia	61	34% ▼
Nigeria	Western Africa	16	48% ▲	Togo	Western Africa	117	24%
Norway	Northern Europe	13	50% ▲	Trinidad & Tobago	Caribbean	23	46%
Pakistan	Southern Asia	91	28% ▼	Tunisia	Northern Africa	135	20% ▼
Palestine(State of)	Western Asia	141	17%	Turkey	Western Asia	131	20%
Panama	Central America	78	30% ▼	Turkmenistan	Central Asia	43	40% ▲
Paraguay	South America	59	34% ▲	Uganda	Eastern Africa	50	39% ▼
Peru	South America	100	27%	Ukraine	Eastern Europe	81	29%
Philippines	South Eastern Asia	89	28% ▼	United Arab Emirates	Western Asia	12	51%
Poland	Eastern Europe	112	24%	United Kingdom	Northern Europe	6	55% ▲
Portugal	Southern Europe	83	28% ▼	United States of America	North America	4	58%
Republic of Korea	Eastern Asia	60	34%	Uruguay	South America	77	30% ▼
Romania	Eastern Europe	102	27%	Uzbekistan	Central Asia	53	36% ▼
Russian Federation	Eastern Europe	110	25% ▲	Venezuela	South America	107	26% ▲
Rwanda	Eastern Africa	103	26%	Yemen	Western Asia	144	15%
Saudi Arabia	Western Asia	51	37%	Zambia	Eastern Africa	21	46%
Senegal	Western Africa	87	28% ▼	Zimbabwe	Eastern Africa	76	30%
Serbia	Southern Europe	129	21% ▲				

Data shows countries interviewied in 2017.

Countries' scores indicate a rise or fall in scores of three percentage points or more since the 2016 survey.

▲ Score has increased by at least three percentage points.
▼ Score has decreased by at least three percentage points.
   Scores in plain text have seen a change of less than three percentage points either way, or were not surveyed in 2016.

CAF World Giving Inedex scores are shown to the nearest whole number bur the rankings and movement uo and down are determined using two decimal points.

제1장 대한민국 기부문화의 현주소는 어디쯤일까 | 37

조성에 도움이 될 수 있다고 본다.

　제도 개선뿐 아니라 기술의 개발로도 비영리의 투명성을 확보할 수 있다. 최근 자선분야에서는 블록체인 기술을 활용하는 사례가 늘고 있으며, 빠른 속도로 성장하고 있다. 미국 내 대표적인 자선단체인 피델리티자선기금(Fidelity Charitable)은 2017년 암호화폐를 통해 6,900만 달러의 기부금을 모았다. 유엔의 경우 시리아 난민에게 직접 접근할 수 없자 홍채로 물건을 계산할 수 있도록 블록체인으로 지원금을 보내기도 했다. 요르단의 아즈라크캠프에 있던 1만여 명의 시리아 난민들은 이더리움 블록체인 기술에 의한 전자바우처 형태의 지원금을 지급받았다.

　누가, 어디에, 얼마를 썼는지 실시간으로 투명하게 검증되는 기술이 비영리 전 분야에서 적용되면 기부금 유용과 횡령을 둘러싼 오랜 비리에서 비영리 분야가 자유롭게 될 수 있다. 그렇게 되어야 묵묵히 일하는 대다수의 성실한 모금단체가 비영리 분야의 주역으로 등장하고 투명한 기부문화가 정착될 것이다.

　제도의 개선, 기술의 도입으로 2019년 투명한 기부문화가 조성되고 우리나라가 기부지수 세계 10위권으로 발돋움하는 원년이 되기를 기대해 본다.

‖ 오피니언타임즈 2019.05.01.

05

제도와 기술의 융합으로
기부 투명성 확보하자

행복과 풍요로움을 상징하는 황금돼지의 해, 기해년(己亥年)이 밝았지만 어려운 이웃을 향한 나눔 문화의 현실은 밝지만은 않다. '동물보호단체 대표 기부금 횡령', '어금니아빠', '새희망씨앗' 사건과 같은 부정적 사회이슈들이 전체의 기부불신으로 이어지고 기부포비아가 확산되면서 기부에 대한 부정적 인식이 커지고 있기 때문이다.

한국가이드스타는 지난 6년간 공익법인 평가를 진행하며 공익법인들의 투명성을 강화하고 기부자들의 권리를 개선하는 데 앞장섰다. 정부도 알 권리 보장, 공익법인 관리 체계 강화 등의 내용을 담은 방안을 내놓으며 힘을 보탰다. 최근 비영리 영역 내에서도 "투명한 기부문화를 만들어야 한다"는 자성의 목소리가 높아지고 있다.

2018년 정부는 공익법인에 대한 신뢰도를 높이기 위한 방안으로 '공익법인회계기준'을 제정했다. '공익법인회계기준'은 법인마다 제각각이던 재무제표가 표준화됨에 따라 공익법인의 회계 투명성이 제고되고 기부문화도 더욱 활성화될 것으로 기대되었다. 다만 실무자들의 혼란을 최소화하기 위해 신설 공익법인 또는 총자산이 20억 원 이하인 경우에는 2020년부터 적용되었다. 나아가 정부는 공익법인 관리감독 업무를 전담하는 공익위원회(가칭)를 신설하자는 논의도 있었다. 개별부처 허가제에서 공익위원회 인가제로 전환하면서 설립은 쉽게 하고 사후관리를 철저히 하겠다는 것이다.

또한 2018년 7월, 공정거래위원회는 '대기업집단 소속 공익법인 162곳 운영실태 분석 결과'를 발표하며 대기업들이 세제 혜택, 총수일가 지배력 강화 등에 공익법인을 악용하고 있다고 지적했다. 이후 2018년 9월 국세청은 대기업 공익법인 200여 곳을 전수 조사하여 위반사례 36건을 적발하고 증여세 410억 원을 추징했다. 정부의 이런 노력은 기업이 설립한 공익법인이 설립 취지에 맞도록 본연의 역할과 활동을 강화하도록 하여 기부 투명성 제고를 위한 동력이 되었다.

이러한 사회적 분위기 속에서 비영리 관련 학계 및 실무자들의 관심도 폭발하고 있다. 한국공인회계사회와 삼일회계법인, KB국민은행이 공동으로 『알기 쉬운 공익법인회계기준 매뉴얼 북』을 발간했으며, 한국가이드스타와 함께 교육설명회를 열었다. 이 설명

출처 : 한국가이드스타

회는 공익법인 회계실무자 150명을 대상으로 하였는데, 신청이 3시간 만에 마감되어 실무자들의 공익법인회계기준 교육에 대한 니즈를 확인할 수 있었다.

공익법인회계기준 제정으로 인해 공익법인 결산서류 등의 공시양식도 개선될 전망이다. 한국가이드스타는 2018년 8월 공익법인 투명성 개선을 위한 공시양식 개선안을 기획재정부에 제출했다. 현재 공익법인들은 정부에 제출해야 하는 보고 양식이 다양하여 많은 행정 비용 및 시간을 할애하고 있다. 재무보고의 경우 정부기관 보고마다 요구하는 항목이 일관적이지 않아 매번 계정명과 해당 금액을 통합 또는 분리하는 작업을 반복해야 하는 등 비효율적인 업무들을 수행하고 있다. 이에 다양한 정부 보고양식을 통합하도록 제안하였다.

미국의 경우, 공익법인들이 매년 제출해야 하는 자료는 공시양식 Form 990을 기본으로 통합되어 있다. 미국세청(IRS)은 이 자료를 기반으로 하여 공익법인들을 관리 감독하고, 일반인들에게 개인 정보를 제외한 모든 정보를 공개하여 연구, 평가, 기부 의사결정에 활용하도록 하고 있다. 미국과 같이 국세청 공익법인 공시양식을 중심으로 정부 보고양식을 통합한다면 공익법인은 정부 보고서 작성을 위해 들이는 시간과 비용이 절약되고, 정부는 관리·감독을 효율적으로 할 수 있어 공시자료에 대한 신뢰성을 강화할 수 있다.

또한 UN분류체계(ICNPO)와 미국세청(IRS) 분류체계(NTEE-CC)를 반영하여 공시양식의 '사업내용' 구분 개선을 제안하였다. 공익법인 분류체계를 합목적적으로 개편하고 기부자가 공익법인의 활동을 파악하고 유사활동을 수행하는 조직간 비교를 가능하게 하여 현명한 기부활동에 도움이 될 수 있도록 하였다. 이어 공익법인회계기준과 현재 공시양식 간의 맞지 않는 용어와 작성방법을 전반적으로 수정할 것을 제안하였으며, 공익목적사업비용 항목을 기능별로 구분하여 작성하고 일반관리비용과 모금비용 및 주요거래 내역을 작성하도록 제안하였다.

제도 개선과 더불어 기술 발전을 통한 비영리 분야의 투명성의 확보도 가능해졌다. 최근 자선 분야에서도 4차 산업혁명의 중심에 있는 블록체인 기술을 활용하는 사례가 늘고 있으며, 빠른 속도로 성장하고 있다. 미국 내 대표적인 자선단체인 피델리티 자선기금은 2017년 암호화폐를 통해 6,900만 달러의 기부금을 모았다. 2016년 암호화폐 기부금은 700만 달러에 불과했지만 1년 사이 거의 10배로 성장했다. 또한 세이브더칠드런, 그린피스, 적십자 등도 암호화폐로 기부금을 받기 시작했는데 2017년에만 무려 3조 3,000억 원이 모금되었다고 한다.

제도 개선과 더불어 기술의 발전을 통한 비영리 분야의 신뢰성 문제 해결은 이제 거스를 수 없는 대세다. 어디에, 누가, 어떻게 쓰였는지 실시간으로 투명하게 공개되는 새로운 기술의 개발은 기부금 횡령, 유용과 같은 묵은 비리로부터 공익법인을 해방하는 획기적 전기가 될 것이다.

공익법인 투명성의 시작은 정확한 공익법인 데이터의 공개이며, 공시제도는 공익법인의 투명성과 책무성을 보여 줄 수 있는 중요한 자료이다. 더 나은 미래를 위한 기부문화 활성화를 위해서는 공익법인들이 관련법을 제대로 이해하고 준수해야 하는 것은 물론이고 정부는 공익법인들의 법 준수여부를 제대로 감독하고 제도 개선을 위해 노력해야 한다. 또한 기부자들은 인정에 호소하는 '빈곤포르노(Poverty Pornography)' 모금 광고만을 보고 기부하는 것을 지양하고 기관의 투명성과 재무 정보를 활용한 효율성을 비교 판단하여 기부단체를 선택해야 한다.

제도뿐만 아니라 기술의 개선으로 현재 경제규모 세계 10위권인 우리나라가 기부지수도 세계 10위권으로 발돋움하는 원년이 되기를 기대해 본다.

06

국가보조금을 검증하자

복지 수요가 증가함에 따라 의무 공시 공익법인의 보조금 수입도 지속해서 확대되고 있다. 공시년도 기준 2016년은 36조 3,265억 원, 2017년은 40조 1,724억 원, 2018년은 44조 1,764억 원으로 매년 약 4조 원씩 증가하고 있다. 그러나 정부 보조금은 '주인 없는 돈'이라는 말이 나돌 정도로 국가에서 지원하는 보조금을 유용하는 사례가 빈번하게 발생하고 있다.

경남도는 2018년 10월부터 12월까지 아동복지시설 46곳에 대한 특정감사를 통해 101건의 국가보조금 횡령 또는 유용행위를 적발했다고 발표했다. 이 중 한 기관은 이체기록을 조작해 173차례에 걸쳐 시설장 본인, 가족 등에게 이체하거나 현금을 출금하는 방법으로 5,600만 원을 횡령했다. 또한 근무하지도 않는 친인척을 직

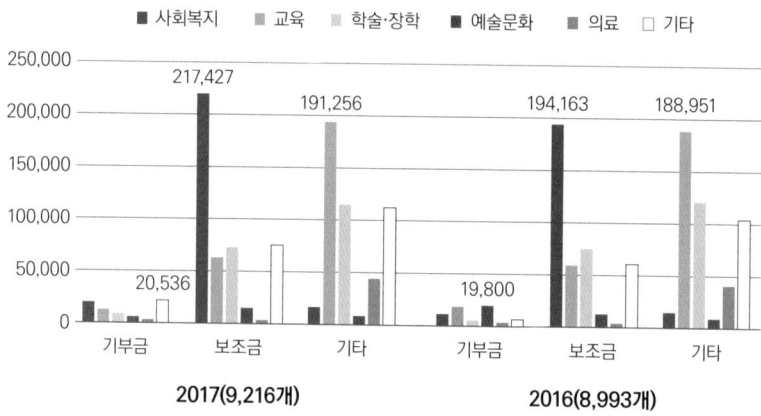

원으로 올려 회사 돈 32억 원을 빼돌린 부산 시내버스회사 대표가 최근 검찰에 적발되기도 했다. 인건비를 허위로 계산해 표준운송원가를 올려 부산시 버스 준공영제 재정보조금 수십억 원을 부정수급했다.

버스 준공영제는 경제적·신체적 약자의 이동권 보장을 위한 대중교통 공급의 필요성, 지역 균형과 사회적 안정성 제고를 위한 대중교통 확충의 방안으로서 도입되었다. 버스 소유와 운영은 민간이 담당하며, 요금조정 및 버스 운행 관리와 운송비용은 지자체가 보전해줌으로써 공공부문의 계획과 관리, 민간 부문의 효율성으로 보다 높은 수준의 버스 서비스를 제공하고자 마련되었다. 준공영제 재정보조금은 2007년 시행 첫해 312억 원에서 2018년엔 1,270억 원으로 4배 이상 늘어났다.

하지만 현재 버스 준공영제의 가장 큰 문제점은 보조금 수급 비리를 예방하고 검증할 모니터링 시스템이 사실상 없다는 데 있다. 관련 공무원이나 전문가 등 몇 사람만 눈을 감아도 세금이 새는 걸 막을 방법이 없는 것이다.

2004년 전국에서 처음으로 버스준공영제를 실시한 서울의 경우, 지난해 감사보고서를 분석한 결과 준공영제 버스회사 주주들이 2억~25억 원대 배당금을 챙긴 것으로 드러났다. 친인척을 허위 직원으로 등록하는 등의 수법으로 지원금을 부풀려 타간 사례가 적발되어 심각한 도덕적 해이 논란에 휩싸이기도 했다.

또한 충남 논산시에서는 2014년 정부의 지역에 체육관이 없어 논산 공설운동장 인근에 실내체육관을 짓는다며 국고보조금 85억 원을 신청했다. 하지만 당시 해당 지역에는 국민체육센터와 체육공원 내 실내체육관도 운영 중이었다. 감사원은 2015년 체육관이 있는 것을 속이고 새로운 체육관을 세우려다 적발된 충남 논산시에 담당자 징계를 요구한 사례도 있었다.

비일비재한 국가보조금 비리 문제는 과거 사립유치원 국가보조금 횡령 사태로 인해 수면위로 드러났다. 이 사건으로 인해 국가 보조금 운용 투명성 강화를 위해 유치원 3법 등의 논의를 계속하였고, 2020년 1월 13일 개정안이 통과되었지만 아직까지도 우리 사회에서 보조금 비리는 끊이질 않고 있다.

준공영제 등 보조금이 제대로 사용되기 위해서는 회계 투명성 문제가 해결되어야 한다. 정부 및 지자체는 반드시 지급기관의 투명성을 확인하여 보조금을 집행하도록 하는 장치를 마련해야 한다. 몇 년 전 사립유치원들이 '에듀파인(국가관리회계시스템)'을 도입하기로 한 것도 회계투명성 확대를 원하는 학부모들의 열망에 따른 것이다.

몇 해 전, 블록체인 기반 개발업체인 글로스퍼는 '노원 블록체인 지역화폐 시스템'을 구축한 데 이어 영등포구청의 '블록체인 기반 제안평가시스템'을 성공적으로 개발했다. 해당 시스템은 지자체에서 실시하는 평가절차에서 위·변조를 방지해 입찰과정의 투명성을 높인 것이 특징이다. 이렇듯 최근에는 줄줄 새는 보조금을 막고자 정부 및 지자체에서 IT기술을 이용하여 투명성 확대를 위한 다양한 시도를 하고 있다.

기술 발전의 추세에 따라 회계제도의 검증을 위한 검증시스템의 도입은 국가보조금에 개인의 욕심이 개입될 여지를 없앨 수 있다. 즉, 투명성의 확보는 급증하는 보조금의 전제조건이다.

또한 정부 및 지자체가 보조금 지원을 위한 기관을 선정할 때 한국가이드스타와 같은 중간지원기관의 공익법인 투명성 평가를 참조하여 투명하고 효율적으로 사업을 하는 기관을 선정한다면, 최소한 관리 사각지대에 있는 기관을 선별할 수 있고, 이는 곧 국가 차원의 조세 정의를 실현하는 길이기도 하다.

  검증 시스템 도입을 통해 개인의 욕심으로 더 이상 혈세가 낭비되는 사건이 발생하지 않길 바라며, 정당하게 공익사업을 하는 많은 공익법인이 더욱 다양한 분야에서 활발하게 활동할 수 있기를 기대해 본다.

‖디지털타임스 2019.06.20.

07

기부단체에 대한 정확한 정보제공으로 투명성이 강화된다

기부단체에 대한 기부자들의 불신이 날로 높아져 가고 있다. 몇 년 전 잇따라 터진 새희망씨앗, 어금니아빠 사건, 정의연의 부실 공시 등 기부문화 투명성을 훼손하는 사건들은 선한 마음으로 이웃을 돕고자 하는 기부자들의 마음을 더 얼어붙게 만들었다. 또 2019년 5월에는 난치질환을 앓고 있다며 인터넷 커뮤니티에 글을 올려 수천만 원을 후원받은 40대 남성이 '자작극'을 꾸민 것으로 드러나 후원자들이 소송을 걸기도 했다. 2022년에도 택배견 경태 아버지의 후원 먹튀 사건이 발생하는 등 SNS에서도 소액 후원은 계속되고 있지만 현행법상 등록 없이 1,000만 원 이상 기부금을 받는 경우 이는 명백한 불법이다.

후원 사기를 당하지 않기 위해서는 기부자들이 현명하게 기부단체를 선택해야 한다. 기부자들의 선한 마음을 악용하는 후원사기 수법이 다양해진 가운데 후원 내역과 회계정보 등을 투명하게 공개하지 않는 개인이나 단체에 기부하는 것을 지양해야 한다.

실제로 과반 이상의 기부자가 사용내역을 모르고 후원을 하고 있는 것으로 나타났다. 한국모금가협회가 과거 전국 성인남녀 1,052명을 대상으로 진행한 '기부문화 인식 실태조사를 통한 기부제도 개선에 관한 연구' 조사에 따르면, 최근 1년간 기부한 경험 있는 응답자(424명)의 56.8%가 기부금 사용 내역을 모른다고 답했다. 또한 최근 1년간 기부 경험이 없는 사람에게 '기부하지 않은 가장 큰 이유' 1위는 '경제적 여유가 없기 때문에'가 48.7%, 이어 '기부 요청한 기관을 믿을 수 없어서'가 24.4%였다.

최근 1년간 기부하지 않은 시민 대상 이유 조사 (단위 : %)

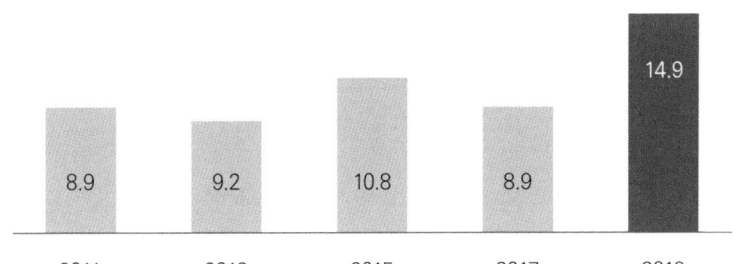

자료 : 통계청 2011~2019년 사회조사 결과

한국회계정보학회가 2019 춘계학술발표대회에서 발표된 연구결과도 이를 뒷받침한다. 부산외국어대학교 경영학과 육근효 교수는 한국가이드스타의 국세청 공익법인 공시자료를 토대로 비영리조직(NPO) 회계정보와 온라인 공개가 기부금 수입에 어떠한 영향을 미치는지에 관한 연구를 통해 투명성이 기부 결정에 결정적 영향을 미친다고 발표했다.

연구결과에 따르면 NPO의 회계정보 공개는 기부금 수입 크기에 긍정적인 영향을 미치는 것으로 나타났으며, 특히 온라인 재무공시와 연차보고서 공시는 기부금에 강한 긍정적 영향을 미쳤다. 또한 기부자는 NPO가 웹정보공시(투명성)를 잘 하고, 언론을 통한 기금 모금 노력이 적극적으로 이루어질수록 기부에 긍정적인 영향을 끼친다고 전했다.

이외에도 NPO의 자산규모가 클수록, 설립년도가 오래될수록, 기부자가 다양할수록 기부금에 미치는 영향이 긍정적으로 나타났다. 하지만 성과 관련 공시는 기부금과 관련성이 없다고 나타났으며, 개인 기부자는 관리비 및 모금 비용을, 그리고 기업기부자는 마케팅 기회가 증대되는 실질적 혜택을 중시한다는 사실이 확인되었다.

이처럼 기부자들은 기관의 투명성을 중시하면서도 내가 낸 기부금이 제대로 쓰이고 있는지는 철저히 확인하지 않고 있다. 기부단체와 기부자들의 신뢰 형성을 위해서는 기부단체에 대한 기부자들의 불신을 해소하는 것이 무엇보다 중요하다.

　기부단체들은 관련법을 제대로 준수하고 기부내역을 투명하게 공개해야 하며, 정부는 단체들의 법 준수 여부를 제대로 모니터링하고 제도 개선을 위해 노력해야 한다. 기부자들은 감성에 호소하는 모금 광고만을 보고 기부하지 말고 한국가이드스타와 같은 비영리 평가정보 플랫폼을 통해 내가 기부하고자 하는 단체의 투명성과 효율성 지표 등을 확인하는 적극적이고 현명한 기부활동을 해야 한다. 또한 기부단체의 정보가 부족하다고 느껴지면 단체에 직접 자료를 요청하는 등 기부자의 권리를 찾아야 한다.

　기부자들의 알권리 강화는 국제적인 추세다. 가장 대표적인 나라가 바로 미국이다. 미국은 기부자 천국이라 불릴 만큼 모금단체 투명성에 대한 검증이 확실하다. 미국가이드스타, 채리티네비게이터 등 기부단체에 대한 정보공개를 하는 곳이 170여 개나 되어 기부자들이 다양한 방법으로 기부단체에 대한 정보를 쉽게 찾을 수 있다.

　기부금 횡령 사건으로 인한 기부 민심을 회복하기 위해서 기부단체에 대한 정확한 정보제공과 함께 투명성 강화가 그 무엇보다 중요해졌다. 투명한 기부문화를 통해 우리나라가 기부 선진국으로 발돋움하길 기대해 본다.

‖디지털타임스　2019.06.20.

08

기부금과 보조금을
통합 관리하자

 우리나라의 기부문화는 1990년대 이후 본격적으로 활성화되었으며, 기부자의 수가 증가하면서 비영리단체들도 함께 성장해왔다. 우리 사회의 공익을 위해 노력하는 비영리단체들이 많음에도 불구하고, 지난 몇 년 간 몇몇 기부금단체의 투명성 논란이 잇따라 발생하면서 기부 포비아로 확산되는 것이 아니냐는 우려가 커지고 있다.
 미국의 경우, 국가의 비영리단체에 대한 검증은 확실하고 분명하다. 일례로 2015년 미국연방거래위원회(FTC)와 워싱턴D.C 및 50개 주 법무장관이 미국암기금 등 총 4곳을 연방법원에 제소한 사건이 있다. 이 단체들이 기부금 사용결과에 대해 기부자들에게 거짓 보고하고, 실제 기부금을 개인과 회사의 몸집을 불리는 데에 주로 사용하였기 때문인데, 결국 이 단체들은 모두 해산하였다. 그런데 한국은 어떠한가? 2020년 정의기억연대가 수천만 원대의 기부금을 국세청 결산 공시에 누락하였고 불성실한 공시를 하여 시민들의 공분을 샀지만, 2021년 한 해 동안 10억 원 가량의 기부금을 받아 여전히 활동하고 있다. 그리고 2022년 초 광복회가 국가의 보조금을 받고 운영한 카페와 관련하여 여러 비위사실이 드러났지만 주무부처인 보훈처는 관련자 징계조치 및 해당 수익사업에 대한 승인 취소 정도의 조치만 하였을 뿐 광복회는 여전히 보조금과 기부금을 받을 수 있는 비영리단체로서 활동하고 있다.

이러한 상황에서, 지난 4월 29일 제20대 대통령직인수위원회 정무사법행정분과는 국민들의 신뢰를 바탕으로 시민단체가 더욱 활성화될 수 있도록 기부금 단체 등 시민단체의 기부금 및 보조금 등에 대한 투명성 강화를 추진해 나갈 것이라고 밝혔다. 이를 위해 첫째, 기부금의 수입과 사업별 비목별 상세 지출내역을 기부통합관리시스템(1365기부포털)에 등록하고 공개하여 국민의 검증을 강화할 것이라고 했다. 둘째, 비영리민간난체의 두명성에 대한 국민적 눈높이를 맞추기 위해 현재 운영 중인 비영리민간단체 관리정보시스템(NPAS)을 고도화 하여 보조금의 심사와 집행과정 전반의 투명성을 높이겠다고 하였다. 국가 차원에서 비영리단체의 모니터링을 강화하겠다는 의지를 밝힌 것은 고무적인 일이다. 이를 통해 기부금과 보조금을 집행하는 비영리단체들도 더욱 책임감을 느끼고 사업을 수행할 것이라고 생각한다.

하지만 인수위가 밝힌 비영리단체에 대한 모니터링의 범위가 '전체' 기부금 중 '일부'만 포함하고 있다는 점에서 다소 아쉬움이 남는다. 현재 기부금품의 모집 및 사용에 관한 법률에 따르면, '불특정 다수에게 1000만 원 이상의 반대급부가 없는 기부금품을 모집'하는 경우 등록을 요구하는데, 이에 해당되어 등록된 기부금은 국세청에 신고되는 전체 기부금의 10% 미만의 수준이다. 다시 말해 정기적으로 기부하여 모금 된 기부금이나 기업으로부터 받은 기부금은 국세청에만 신고되고 '기부통합관리시스템'에 등록하고 공개하지 않아도 된다는 의미이다. 결국, 우리나라 총 기부금 중 90%는 기부금의 수입과 사업별 비목별 상세 지출내역 모니터링에서 제외된다.

또한 비영리민간단체 관리정보시스템(NPAS)을 고도화하여 보조금의 심사와 집행과정의 투명성을 높이겠다고 하였는데, 이 역시 절반의 감시가 될 것으로 보인다. 이번에 정부가 밝힌 '비영리민간단체'는 '비영리민간단체지원법'에 근거하여 설립된 단체를 일컫는데, 우리가 들어봤음 직한 사단법인, 재단법인, 사회복지법인은 대부분 여기에 포함되지 않는다고 볼 수 있다. 즉 보조금을 받고 있음에도, 비영리민간단체 관리정보시스템(NPAS)에 등록되지 않은 대다수의 비영리단체들은 모니터링에서 제외된다.

1365 기부포털

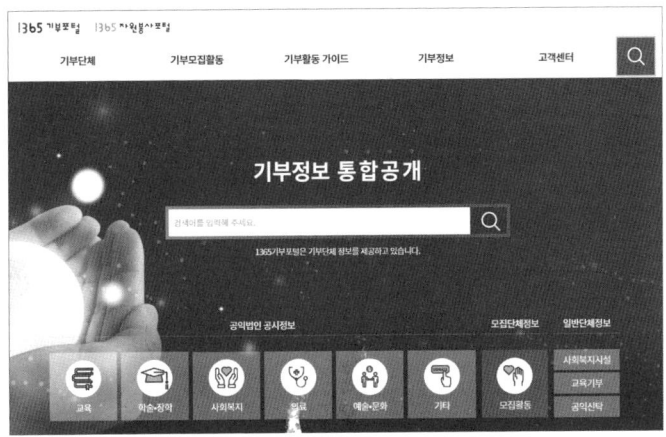

출처 : 1365 기부포털 홈페이지(www.1365.go.kr)

위에서 언급한 두 가지 문제를 해결하는 것은 의외로 간단하다. 현재의 국세청 결산 공시서식 '기부금품 수입 및 지출 명세서'를 개정하여, 공익법인의 기부금과 보조금 수입 전체에 대한 지출 내역을 확인하는 것이다. 현재 법인세법 상 비영리법인 중 상속세 및 증여세법 시행령 제12조의 공익사업을 영위하는 법인은 공익법인으로 규정하고 있는데, 종교법인을 제외한 모든 공익법인은 국세청에 결산서류를 공시해야 한다. 따라서 '기부금 수입 및 지출 명세서'를 '공익목적사업 사업수행비용 명세서'로 명칭을 개정하고, 서식 내 항목과 내용을 이에 맞게 변경한다면 기부금과 보조금의 쓰임새를 통합적으로 관리하고 한 번에 확인할 수 있다.

아울러 공익법인의 사후관리를 위해, 국세청의 역할이 더욱 강조되어야 한다. 작년부터 공익법인 사후관리 강화를 위해 지정기부금단체 지정 및 사후관리가 국세청으로 일원화 되었다. 이와 더불어 공익중소법인지원팀이 발족되어 공익법인에 대한 검증과 지원을 전담하기 시작한지도 벌써 1년이 지났다. 하지만 3만여 개 이상의 공익법인을 20명 남짓한 공익중소법인지원팀 직원들이 관리 감독하기에는 충분한 인력이라고 보기 힘들다. 따라서 공익중소법인지원팀의 인력을 확충하여 공익법인 검증창구로서의 역할을 잘 수행할 수 있도록 해야겠다.

  비영리단체들의 수가 많아지고 다양한 분야의 공익사업이 이루어진다는 것은 '양'적 차원에서의 시민사회 발전이라고 할 수 있다. 하지만 시민사회의 '질'적 발전을 위해서는 정의라는 거대담론이 아니라 투명성이라는 측정 가능한 이야기로 풀어나가야 한다. 그렇기 때문에 비영리단체에 대한 투명성 검증은 확실하고 분명해야 한다. 또한 국민의 소중한 '기부금'과 세금으로 지원하는 '보조금'이 목적과 취지대로 사용되어야 함은 당연하다. 그렇기 때문에 비영리단체들은 투명하게 회계 관리를 해야 하고, 그 쓰임새도 검증되어야 한다. 국민들이 비영리단체들을 믿고 손쉽게 공익활동에 참여할 수 있도록 국가에서 제도적인 기반을 마련해 준다면, 그 제도가 마중물이 되어 우리나라 기부문화가 활성화되는 데 큰 역할을 할 것으로 기대해 본다.

09

국민의 알 권리 차원에서
반드시 개선되어야 할 정부 보조금 제도

지난해 공익법인의 결산공시를 분석해보면 전체 1만 1,435개의 법인 중 3,644개의 법인이 외부 회계감사를 받은 것으로 나타났다. 한 해 전 4,356개의 법인에 비하면 712개나 줄어들었다. 이쯤 되면 투명성의 대전제인 외부감사가 후퇴한 것이 아닌가 하는 의문이 든다. 그러나 실망할 것 없다. 실상을 보면 외감 전문을 공시한 법인은 한해 전 2,520개에서 2,935개로 늘어났다. 그 전끼지는 외부감사를 받았다고 공시한 법인이 실제 그것이 외부감사인지 내부감사인지 구별 없이 공시해 혼란이 있었는데 올해부터 감사보고서 전문을 게재하는 성실한 공시가 늘어난 것이다.

성실한 공시는 거짓 혹은 착오로 인한 불성실한 공시를 엄하게 제재해서 늘어났을까. 아니다. 공시양식의 조그만 변화가 결산공시의 성실성을 높였다. 지난해부터 '외부 회계감사인'과 '감사의견'을 결산서류에 기입하도록 양식이 변경됐다. 외부 회계감사를 수행한 곳과 감사의견에 대한 정보를 공시해야 되니 작성하는 정보의 정확성이 높아지고 결과적으로 성실한 공시가 이뤄졌다. 제도의 변화가 습관과 행동의 변화를 가져온 것이다. 참으로 바람직한 변화의 과정이라 할 수 있다.

이러한 측면에서 지난해 정부가 노조의 회계 투명성을 요구한 것은 늦었지만 반드시 해야 할 일을 했다고 보여진다. 비영리 투명성 운동에 참여해 온 필자로서도 노조의 조합비가 세금감면 혜택을 받는다는 것은 처음 알았다. 세금 감면은 그 자체로 노조원에게는 혜택이지만 일반 납세자에게는 부담이 된다. 왜냐하면 응당 들어와야 할 세금의 일부를 노조 활동에 쓰라고 유보시켜 준 것이기 때문이다. 그만큼 늘어난 납세자의 부담을 감안하면 노조비가 어떻게 쓰이는지 알아야 하는 것은 납세자인 국민의 당연한 권리고 조세당국의 의무이기도 하다. 이것이 조세 정의다. 그동안 정부는 해야 할 일을 하지 않았다.

더욱이 우리나라 노조는 약자라는 이유로 정부의 직접적 지원, 즉 보조금 혜택까지 받고 있다. 사무실을 제공받고 해외연수까지 다녀온다. 모두가 국민들이 마련해준 보조금에서 나왔다. 따라서 보조금은 당연히 그 용도와 쓰임새가 투명하게 공개되어야 하고 국민들이 알아야 한다. 대통령이 지난 연말에 보조금에 대해 전면적인 제도 개편을 지시한 것은 정부의 의무이자 국민에 대한 도리이기도 하다.

정부 보조금은 해마다 급증하고 있다. 지난해에는 100조 원을 넘겼다. 기부금은 윤미향이나 어금니 아빠 사건 이래 사회적 감시가 증대하고 외감 의무화 등 제도의 개선이 이뤄지고 있으나 정작 기부금의 10배에 이르는 보조금에 대해서는 제도의 미비로 그 쓰임새가 국민들에게 제대로 공개되어 있지 않다. 오죽하면 오세훈 서울시장이 서울시의 보조금 실태를 보고 '서울시 곳간이 시민단체의 ATM(현금지급기)으로 전락했다'고 얘기했겠는가. 특히 비영리 분야의 경우 보조금은 사업별로 정산보고서를 작성하기 때문에 공익법인의 전체 결산공시 안에서 보조금 지출의 흐름을 확인할 수 없다는 한계가 있다.

우선, 공익법인 결산서류 양식에 보조금 지출 내역이 추가되어 보조금과 기부금의 쓰임새가 통합관리되어야 한다. 이를 위해 보조금 관리에 관한 법률이 개정되어 공익법인의 보조금 통합관리시스템과 결산서류 공시시스템을 연결시켜야 한다. 참고로 미국의 경우 세제 혜택을 받는 단체는 기부금뿐 아니라 보조금에 대한 지출 내역을 함께 공시하고 있다. 미국과 같이 기부금과 보조금의 쓰임새가 통합 공시된다면 시민사회의 감시도 용이해지고 투명성의

공익목적사업 수익 현황

(2022년 공시)	기부금	보조금	회비 수익 및 기타	합계
공익목적사업 수익(원)	9조 5,792억	91조 1,512억	82조 5,602억	183조 2,907억
비율(%)	5.2%	49.7%	45.1%	100.0%

자료 : 국세청 홈택스, 한국가이드스타

측면에서도 지금보다 훨씬 개선될 수 있을 것이다.

　급증하는 복지 수요를 감안하면 보조금은 그 필요성이 충분히 존재한다. 그리고 시민단체 등 제3의 섹터는 정부와 국민의 사이에서 행정의 사각지대를 메우는 훌륭한 기능을 수행한다. 그러나 투명성이 전제되어야 한다. 그렇지 않고는 부패가 조장되고 청정지역으로 남아있어야 할 시민사회를 오염시킬 수 있다. 공시양식의 변경과 같은 조그만 제도 하나가 공익법인의 투명성 개선으로 이어진 것처럼 보조금도 국민의 알 권리 차원에서 제도의 개선이 이뤄지기를 바란다. 이것은 정부의 국민에 대한 도리이자 조세 정의를 구현하는 확실한 시도이기도 하다.　　∥데일리임팩트 2023.04.19

10

공익법인을
깨끗하게, 더 투명하게

2018년 '공익법인 회계기준'이 도입됐다. 법인마다 제각각이던 재무제표가 표준화됨에 따라 공익법인의 회계 투명성이 제고되고 기부문화 활성화도 기대된다. 한국공인회계사회와 삼일회계법인에서는 『공익법인 회계기준 매뉴얼 북』을 발간했으며, 한국가이드스타와 함께 공익법인 회계 담당자를 대상으로 한 교육설명회도 열었다. 다만 현장의 혼란을 최소화하기 위해 새로 신설된 공익법인이거나 총자산 가액 합계액이 20억 원 이하인 경우에는 2020년부터 적용된다.

또한 정부는 대기업집단 소속 공익법인에 칼을 빼들었다. 공정거래위원회는 2018년 7월 '대기업집단 소속 공익법인 운영실태 분석 결과'를 발표하며 대기업들이 세제 혜택, 총수 일가 지배력 강화

출처 : 공정거래위원회

출처 : 국세청

등에 공익법인을 악용하고 있다고 지적했다. 이로부터 국세청은 대기업 공익법인 200여 곳을 전수 조사해 세금 누락 사례 36건을 적발하고 증여세 410억 원을 추징했다고 밝혔다.

새희망씨앗, 어금니아빠 사건 등 기부 투명성에 대한 기부자들의 신뢰도가 하락하고 이에 대한 '기부포비아'가 확산하면서 비영리 영역 내에서도 '투명한 기부문화를 만들어야 한다'는 자성의 목소리가 높아지고 있다. 한국가이드스타는 지난 10년 간 공익법인 평가를 진행하며 공익법인 스스로 투명성과 효율성 강화와 기부자들의 권리를 개선하는 데 앞장섰다. 정부도 알 권리 보장, 공익법인 관리 체계 강화 등의 내용을 담은 방안을 내놓으며 힘을 보탰다.

공익법인 회계기준 제정으로 인해 공익법인 결산서류 등의 공시양식도 개선될 전망이다. 이에 한국가이드스타는 공익법인 투명성 개선을 위한 공시양식 개선안을 2018년 8월 기획재정부에 제출했다. 학계, 법률, 회계 등 다양한 전문가들의 지원으로 완성된 공시양식 개선안은 공익법인 결산서류 자료를 기반으로 기부자에게 공익법인 정보제공 사업을 진행하는 한국가이드스타에 그 의미가 크다.

현재 공익법인들은 정부에 제출해야 하는 보고 양식이 다양하여 많은 행정 비용 및 시간을 할애하고 있다. 재무보고의 경우 거의 똑같은 내용을 비슷한 양식으로 중복으로 제출하거나, 기관 보고마다 요구하는 항목이 일관적이지 않아 매번 계정명과 해당 금액을 통합 또는 분리하는 작업을 반복해야 하는 등 비효율적인 업무들을 수행하고 있다.

미국의 경우, 공익법인들이 매년 제출해야 하는 자료는 공시양식 Form 990을 기본으로 통합되어 있다. 미국세청(IRS)은 이 자료를 기반으로 하여 공익법인들을 관리 감독하고, 일반인들에게 개인 정보를 제외한 모든 정보를 공개하여 연구, 평가, 기부의사결정에 활용하도록 하고 있다. 미국과 같이 국세청 공익법인 공시양식을 중심으로 정부 보고양식을 통합한다면 공익법인은 정부 보고서 작성을 위해 들이는 시간과 비용이 절약되고, 정부는 관리·감독을 효율적으로 할 수 있어 공시자료에 대한 신뢰성을 강화할 수 있다.

세부 개선 요청사항은 다음과 같다.

첫 번째, 공시양식의 '사업내용' 구분을 UN분류체계(ICNPO)와 미국세청(IRS) 분류체계(NTEE-CC)를 반영하여 우리나라 공익분야

실정에 맞게 개선하고자 하였다. 합리적이고 실효성 있도록 공익법인 분류체계를 개편하여 기부자가 공익법인의 활동을 파악하고 유사활동을 수행하는 조직간 비교를 가능하게 하여 현명한 기부활동에 도움이 될 수 있도록 하였다.

두 번째, 공익법인회계기준을 반영하여 공익목적사업비용 항목을 기능별로 구분하여 작성할 수 있도록 개선하였다. 일반관리비용과 모금비용 및 주요 거래내역을 작성하도록 개선하였다. 공익법인회계기준을 반영하여 용어 및 작성방법을 전반적으로 수정하였다.

세 번째, 현재 다양한 정부 보고양식을 통합하고 개선하였다. '기부금품의 모집 및 지출명세서' 대신 '수혜자 및 수혜단체 지출명세서'를 작성하도록 하여 기부금은 물론 보조금, 기타 공익목적수익 등 모든 수익의 지출 명세를 공개하도록 제안하였다.

동일한 정보의 중복 작성을 피하기 위해 '주식 등의 출연·취득·보유 및 처분 명세서'와 '주식(출자지분) 보유명세서'의 기재 항목과 유사한 항목을 주식보유명세서에서 자동으로 불러올 수 있도록 서식과 시스템의 보완을 요청하였으며, 같은 취지로 기존의 '출연자 및 이사 등 주요 구성원 현황 명세서'와 '출연받은 재산의 공익목적 사용 현황'을 '이사 등 선임명세서'와 '출연재산·운용소득·매각대금의 직접공익목적사용현황'으로 통합 및 변경을 제안하였다.

마지막으로 국세청 공익법인 결산서류 등의 공시양식 작성 방법과 기준을 명확하게 제시하여 공시자료의 진실성을 높이고 작성 오류를 최소화하고자 하였다.

공시양식 개선안 제안은 2018년 한국가이드스타가 공들인 사업 중 하나이다. 공익법인 투명성의 시작은 정확한 공익법인 데이터의 공개이며, 공시제도는 공익법인의 투명성과 책무성을 보여줄 수 있는 중요한 자료와 기준을 제공한다. 한국가이드스타가 의견을 개진한 공시양식 내용이 기대되는 것은 물론 이 공개된 정보를 정부부처, 언론, 학계 등에서 적극적으로 활용하는 것이 필요하다. 한국가이드스타는 이 개선된 양식을 국민과 기부자들이 이해할 수 있도록 가칭 기부자를 위한 공익법인 공시정보 안내서를 만들어 제공할 계획을 하고 있다.

그동안은 비영리단체인 공익법인의 특수성을 반영한 회계기준이 없어 영리법인인 기업 회계기준을 적용하거나 관행에 따라 기재했다. 하지만 새로운 회계기준이 마련되면서 이세부턴 명확한 원칙에 따라 기부금을 받고 사용한 내역을 기재해야 한다.

우선 적용대상은 자산총액 20억 원 이상 중·대형 공익법인이다. 이들은 2018회계년도 결산을 마치는 대로 4개월 내에 국세청에 결산자료를 제출해야 하는데 이때 새로운 공익법인 회계기준에 따라 작성해야 한다. 자산총액 5억 원 이상 20억 원 미만 공익법인은

2년간 기존 양식대로 결산서류를 제출해도 되지만 2020회계년도부터는 바뀐 기준에 따라야 한다. 자산총액 5억 원 미만 소형 공익법인과 종교단체는 결산서류 의무 제출 대상이 아니다.

새로운 공익법인 회계기준의 가장 큰 특징은 기부금을 어디에 썼는지 명확하게 구분해 기재해야 한다는 점이다.

기존에는 공익법인이 알아서 기재했지만 새 회계기준에 따라 ▲공익사업에 직접 쓴 돈(사업수행비용) ▲기획·인사·재무 등 재단관리에 쓴 돈(일반관리비용) ▲홍보·모금행사·고지서 발송 등 모금활동을 위해 쓴 돈(모금비용)으로 철저히 나눠야 한다. 또한 각각의 항목을 다시 ▲수혜자 또는 수혜단체에 직접 지급한 돈(분배비용) ▲고용인력 인건비(인력비용) ▲임차료, 시설유지·관리비 등(시설비용) ▲교통비·소모품비·회의비 등(기타비용)으로 구분해야 한다. 예컨대 기존에는 공익법인에서 회계나 홍보를 담당하는 사람에게 주는 급여를 공익사업비에 넣어도 문제 없었지만, 이제부턴 일반관리비용으로 통일해야 한다.

11

사회복지공동모금회의 사업이
더욱 빛나려면…

지난 7월 국내 최대의 공익법인 중 한 곳에서 한국가이드스타의 투명성 평가를 받겠다고 연락이 왔다. 그리고 얼마 후 관련 서류를 접수했다. 공익을 위하여 일하는 우리를 누가 평가하느냐고 스스로 자부심이 넘치는 기관이었다. 그런데 이런 변화가 생겼다. 기부금, 보조금의 투명성을 확보하라는 언초 대통령의 지시가 만든 변화였다.

관련 정부부처의 발걸음도 빨라졌다. 대통령실은 지난 6월 민간단체 보조금 감사결과 총 1조 1,000억 원 규모의 사업에서 1,865건의 부정, 비리가 드러났다고 발표했다. 이는 금액으로 314억 원에 이르는데 횡령, 리베이트 수수, 허위 수령, 사적사용, 서류 조작 등 다양한 형태로 부정이 저질러졌다.

행정안전부의 조사에 따르면 최근 5년간 시민단체 102곳이 행안부와 8개의 부처에서 총 140억 원이 넘는 보조금을 수령해 갔다. 일부 시민단체는 이름만 살짝 바꾼 사업으로 여러 부처의 보조금을 받아 '보조금 쇼핑'을 하기도 했다. 부처별로 보조금 중복지급 점검 시스템이 전무한 탓이다. 이에 정부는 보조금 투명성 제고를 위해 회계감사 대상을 확대하고 선심성, 관행적 반복사업을 가려내 대대적인 구조조정을 추진할 예정이다. 윤 대통령은 아예 보조금 축소로 확보된 예산은 수해 등 재난구조에 쓰라고 지시하기도 했다.

그러나 외부감사, 구조조정, 전수조사만으로 공익법인의 투명성을 확보할 수는 없다. 정부의 정책적 노력이 속도를 내고 제도가 문화로 정착되기까지는 민간의 자발적 참여가 필수적이다. 특히 국내 최대의 모금단체이자 배분기관인 사회복지공동모금회(사랑의열매)의 선도적 노력이 절실히 요구된다.

미국 유나이티드웨이(United Way)를 벤치마킹해 전경련 주도로 태동된 공동모금회는 초기에 회장 인선 등에서 정치적 잡음이 일면서 그 존재에 대한 회의적 시각이 있기도 했다. 특히 최대의 기부자인 기업들로서는 사업의 전문성도 모자라는 공동모금회가 정파적 잡음까지 일으켜 한때 보이콧 움직임까지도 있었다. 그러나 비 온 뒤에 땅이 굳어진다고 지금의 공동모금회는 사업의 심사 과정이나 사후 관리에서 너무 엄격하다는 평가가 일 정도로 존재의 당위성을 인정받고 있다.

차제에 공동모금회가 배분기준에 사업자체의 공익성과 효과성뿐 아니라 사업을 수행하고자 하는 운용기관의 투명성을 포함시킨다면 정부의 정책도 탄력을 얻고 추진 동력은 더 강해질 수 있을 것 같다. 기업은 외부감사에 더해 신용평가, 지속가능성, ESG 등 다양한 기준으로 투명성 평가를 받고 있다. 기업보다 더 광범위한 세제 혜택에 국민의 피 같은 기부금으로 운용되는 공익법인이 투명성 평가를 망설일 이유는 없을 것이다.

공동모금회의 배분기준에 운용기관의 투명성이 얼마나 어떻게 반영되고 있는지는 알려져 있지 않다. 그러나 기업의 공모사업에서 투명성이 문제가 되어 탈락한 공익법인이 공동모금회에서는 버젓이 사업자금을 지원받아 활동한 사례가 제법 있다. 당연히 공동모금회의 배분기준에는 투명성이 아예 없거나 있더라도 크게 고려되지 않는다는 지적이 일 수밖에 없다.

실제로 2022년 국세청 홈택스 의무공시 대상인 1민 1,435개의 공익법인 중 1,157개의 공익법인이 한국가이드스타의 투명성 평가 대상에서 제한되고 있다. 이들은 사업비나 인건비가 0원이거나 법적으로 외부회계감사 대상임에도 이를 이행하지 않는 공익법인들이다. 홈페이지가 없거나 이사회 회의록이 공개되지 않은 법인들도 마찬가지로 평가가 제한되어 있다. 문제는 이런 법인들도 공동

사회복지공동모금회 배분심사 時 기관평가 항목(案)

사회복지공동모금회의 배분사업 파트너인 수행기관의 투명성, 책무성을 평가하기 위해 공익법인으로서의 법적 준수요건을 중심으로 적용하며 해당 항목은 사업 규모에 따라 나누어 적용할 수 있습니다.
필요시, 각 지표에 따른 증빙서류를 첨부하여 주십시오.

번	평가항목	사업규모에 따른 적용항목		
		2,000만 원 미만	2,000만 원 이상 1억 미만	1억 원 이상
1	총회 또는 이사회는 정기적(총회 연 1회 이상, 이사회 연 2회 이상)으로 개최하고 있습니까?		○	○
2	결재절차, 위임전결 등 대표의 의사결정과정을 관리하는 내부규정이 있습니까?			○
3	총외 및 이사회의 회의록을 홈페이지에 공개하고 있습니까?			○
4	공익법인회계기준에 따라 재무제표를 작성하고 있습니까?	○	○	○
5	조직 내 예산편성과 자금집행을 관리하는 「회계규정」이 있습니까?		○	○
6	회계서류 등 중요 서류에 대한 보존기한, 유지, 폐기 등을 관리하는 내부규정이 있습니까?		○	○
7	(공익법인일 경우)기부금 영수증 발급대장을 관리하고 있습니까?		○	○
8	(공익법인일 경우)기부금 모금 및 집행 실적을 홈페이지에 공개하고 있습니까?		○	○
9	국세청 공시서류 및 외부감사보고서(의무 외부감사대상일 경우)를 홈페이지에 공개하고 있습니까?		○	○
10	매년 조직의 모든 사업을 포함하는 「연도별 사업계획서」가 있습니까?			○
11	「연례보고서」 또는 「사업성과 보고서」를 홈페이지에 등에 공개하고 있습니까?		○	○
12	개인정보의 수집 시 정보주체에게 사전에 동의를 받고 있습니까?	○	○	○
13	개인정보처리지침을 홈페이지에 공개하고 있습니까?		○	○
14	사업의 영향을 받는 대상(수혜자 등)의 인권을 보호가기 위한 지침이 있습니까?	○	○	○
15	외부의 독립된 기관에서 투명성 및 효율성 평가를 받고 있습니까?	○	○	○

모금회의 배분사업에 참여한다는 것. 이 투명성의 충돌이 해결되어야 그늘진 곳을 밝게 하려는 공동모금회의 사업이 더욱 빛날 것이다. 제도의 실행 과정에서 초기에는 투명성이 확보된 법인에 가점을 주는 인센티브제를 도입한다면 투명성을 강요한다는 비판에도 대응할 수 있을 것이다. 공동모금회는 배분기준의 변화만으로 정부의 정책적 노력을 도와주는 한편, 비영리의 세계에 투명성의 문화가 뿌리내릴 수 있는 토양을 제공해 주는 셈이다.

공동모금회의 최대 기부자인 기업들도 배분기준의 투명성에 좀 더 관심을 가져야 한다. 가정이지만 기업들이 큰 시련을 겪었던 미르재단, K스포츠 재단의 경우 공동모금회가 투명성 평가를 책임지고 그 기준에 따라 기업들의 기부가 이뤄졌더라면 그토록 큰 파열이 일지는 않았을 것이다. 이것이 공동모금회를 출범시킨 기업들의 취지이기도 했지만, 이 과정이 생략되면서 우리 사회는 너무나 큰 갈등을 겪었고 많은 비용을 치러야만 했다. 공동모금회의 선도적 노력으로 투명성 문화가 정착되고 우리나라가 기부 선신국으로 도약하는 큰 계기가 마련되기를 기대해 본다. ‖데일리임팩트 2023.08.04.

12

부자 동네 이미지가 강한
강남구의 기부지수는 어떨까

2018년 한국의 기부지수는 겨우 낙제점을 면했다. 영국 자선지원재단인 CAF(Charitable Aid Foundation)에서 2018년 10월 발표한 세계기부지수에 따르면 우리나라는 100점 만점에 34점, 146개국 중 60위를 차지했다. 전년도 2위였던 인도네시아가 기부지수 59%로 1위를 차지했으며, 2위는 호주, 3위는 뉴질랜드, 4위는 미국이었다. 세계 10위에 육박할 만큼 경제가 성장한 우리나라이지만 남을 돕고 배려하는 데에는 참으로 민망한 순위다.

대체로 이 수치를 보면 복지혜택이 좋고, 의식 수준이 높다고 하는 선진국들의 기부지수가 높은 것을 알 수 있다. 그렇다면, 우리나라에서 잘 사는 동네, 부자 동네의 이미지가 강한 강남구는 어떨까. 공시년도 2018년 기준으로 전체 의무공시 공익법인 9,216개 중

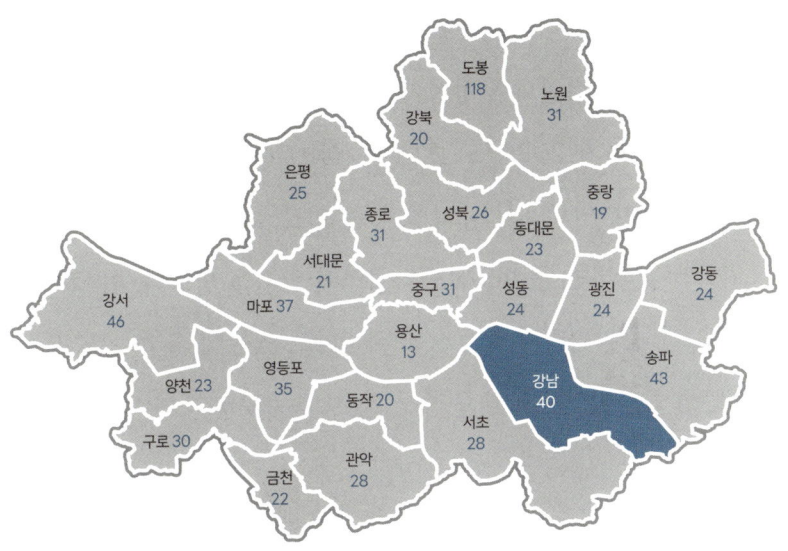

자료 : 한국가이드스타

4.2%(389개)가 강남구에 위치하고 있다. 강남구에 위치한 공익법인들은 대체로 일반적인 자선단체보다는 오뚜기재단, 케이티앤지 징학재단, 하이트문학재단, 대웅재단 등 기업재단이 눈에 띄었다.

강남구에 위치한 이 389개 공익법인들의 총자산 평균은 141억 원으로 전체 공익법인 총자산 평균인 267억 원에 비해 낮았다. 또한 강남구 공익법인의 수입과 지출평균은 98억 원으로 전체 공익법인의 수입 및 지출 평균인 170억 원에 비해서도 많이 낮았다. 이들의 기부금 수입도 평균 5억 원으로 전체 공익법인 평균인 7억 원에 못 미쳤다. 부자 동네의 이미지가 강한 강남구이지만 공익법인들의 쓰임새는 이미지로 연상되는 것과는 달랐다.

　강남구 공익법인의 투명성 및 효율성 수준도 기대 이하였다. 한국가이드스타가 2019년도 초에 공개한 공익법인 평가 결과에 따르면 9,216개 의무공시 공익법인 중 의료, 학교법인 등을 제외한 1,277개 공익법인 중 143개 공익법인이 만점을 받았다. 이 중 71%인 102개 공익법인이 서울시에 위치하고 있는데, 특히 강남구 소재 만점 공익법인은 10개로 중구 20개, 종로구 12개에 이어 마포구와 함께 3위에 그쳤다.

　강남구에 속해있는 공익법인 중 MG새마을금고 지역희망나눔재단, 케이티앤지복지재단, 밀알복지재단, 강남복지재단 등이 만점법인 명단에 올랐다.

　국세통계연보에 따르면 2017년 우리나라 기부금은 약 13조 원가량이다. 이는 법인·소득세율 15%를 기준으로 계산해 보면 연간 약 2조 원의 세금을 거두지 않고 민간에 유보시킨 것과 같은 효과다. 국가가 더 거둘 수 있는 세금을 공익목적으로 사용한다는 이유로 징수하지 않은 것과 마찬가지다. 따라서 기부금 사용의 투명성 확보는 납세자들에 대한 정부의 의무이자 책임이다.

　공익분야의 투명성을 확보하기 위해서는 강남구만의 특색 있는 정책적 유인이 필요하다. 기업재단이 많은 강남구에서는 보조금을 지원할 때 한국가이드스타의 투명성 리포트(경영진단보고서)를 참조하여 투명하고 효율적으로 복지사업을 하는 기관을 선정해야 한다. 그래야 주민들이 선의로 기부한 기부금이 제대로 쓰일 수 있고, 이는 강남구 차원에서 조세 정의를 실현하는 길이기도 하다.

또한 강남구 소재 기관들이 투명성과 효율성에 관한 의식을 더 높일 수 있도록 공익법인 제도 및 투명성 강화 교육을 지속적으로 해야 한다. 한국가이드스타가 실시한 공익법인 제도개선 교육에서 강남구 소재 공익법인들도 다수 참석했다. 강남구 특색에 맞춘 교육의 실시로 공익법인 제도에 관한 이해를 높이고 이것이 투명성 확보로 이어져야 강남구민들의 기부가 늘어날 수 있다.

한국보건사회연구원의 조사에 따르면 우리나라 국민이 기부를 하지 않는 이유는 '기부금 사용처가 투명하지 않아서'라는 응답이 60.7%로 1위였다. 기부를 한 사람조차도 61.7%가 제대로 썼는지 알 수 없다고 답했다. 결국 자기가 내는 기부금의 쓰임새를 투명하게 알 수 있다면 국력에 걸맞은 만큼의 기부 순위를 확보할 수 있을 것으로 보인다. 강남구도 예외일 수가 없을 것이다.

잇따라 터진 기부금 횡령 사건은 어려운 이웃에게 가는 손길마저 막아서고 있다. 신뢰를 회복하고 기부민심을 되살리기 위해서 투명성 강화는 그 무엇보다 중요해졌다. 봄기운이 완연해지고 있는 요즘, 어려운 이웃을 향한 나눔의 손길도 따스해지기를 바란다.

∥강남라이프 7월호 2019.06.25.

내 기부금,
어떻게 쓰이는지 아시나요

제2장

당신의 기부금은 안전한가요

01

내가 낸 기부금은
어떻게 쓰였을까

2020년 연말 어느 장애인 단체에 기부했다. 기부금 영수증을 발급해 주냐고 했더니 그렇다고 했다. 결론적으로 영수증은 받지 못했다. 기부금 점검 단체인 한국가이드스타의 홈페이지에 가 보니 이름조차 찾을 수 없었다. 공익법인의 투명성을 제고한다며 떠들고 다니는 나까지 당했다. 진작 알아보고 하는 건데, '결국 좋은 곳에 썼겠지' 하는 마음으로 아쉬움을 정리해 버렸다.

우리나라 국민들은 참 정이 많다. KBS의 <이산가족 찾기> 프로그램을 보면서 온 국민이 울었다. 유조선이 침몰해 검은 기름이 해안을 뒤덮자 몇 백만 명의 자원봉사자가 모여들었다. 결국 그 바다는 깨끗해졌다. 코로나로 인해 모두의 생활이 어려워졌음에도 사랑의 열매는 8,462억 원을 모금했다. 그 전해보다 무려 1,921억 원

이산가족정보통합시스템

출처 : 남북이산가족찾기 홈페이지(reunion.unikorea.go.kr)

이나 늘어났다. 참으로 훌륭한 국민이고 이런 국민과 함께라면 어떤 어려움도 능히 극복해 나갈 것 같은 느낌이다.

문제는 기부금의 쓰임새, 국민들이 십시일반 모아준 돈이 어디서 어떻게 쓰였는지는 아직 뚜렷한 검증이 이뤄지지 않고 있다는 점이다. 기부금을 받아서 운영하는 비영리 공익법인(NPO)의 회계 투명성을 둘러싼 논란이 계속해서 나오고 있기 때문이다. 결정판은 2020년 5월, 정의기억연대(이하 정의연)의 부실 회계 및 기부금 횡령 의혹이었다. 최근에는 전직 대통령을 기리는 '김영삼민주센터'의 운영을 둘러싸고도 김 전 대통령의 조상 묘소가 압류되는 사태가 생기기도 했다.

공익법인의 기부금 운용은 공시-감사-평가의 세 단계를 반드시 거쳐야 한다. 2020년도 공시기준 우리나라 1만 514개 공익법인의 기부금 수입은 8조 6,582억 원, 이 역시 어려운 경제 상황에도 불구하고 전년대비 2조 3,000억 원 가량 증가했다. 그럼에도 투명성과 책무성 등 한국가이드스타의 별점(STAR)을 받은 공익법인은 43곳, 기부금은 8,374억 원에 불과했다. 전체 공익법인 중 약 10% 정도의 기부금만이 제대로 평가받았다. 나머지 대부분의 공익법인이 투명하게 운용되고 있지 않다는 결론은 아니다. 다만 대다수의 공익법인들이 투명성에 관한 스스로의 기준을 갖추고 있지 않거나 무관심하다는 결론은 내릴 수 있다.

공시와 함께 외부감사는 공익법인 투명성 평가의 중요한 지표라고 할 수 있다. 우리나라는 현재 공익법인의 회계 투명성 제고를 위하여 연간 수입금액이 50억 원 이상이거나 기부금이 20억 원 이상인 경우는 외부회계감사를 의무화했다.

한국가이드스타가 기부자를 대신하여 확인한 바에 따르면 2020년 기준 공익법인 결산서류를 제출한 법인 1만 514개 중 외부회계감사를 받았다고 체크한 법인은 4,098개, 전체 공익법인 대비 60% 이상이 회계감사를 외면하고 있었다. 실제 외부회계감사 의무가 있는 법인 2,403곳 중 외부회계감사 전문을 공개한 법인은 2,094개, 10곳 중 1곳 이상이 법적 의무를 다하지 않고 있다.

사회 전반적으로 기부문화가 활성화되어 있는 미국도 공익법인 외부회계감사 의무제를 시행하고 있다. 미국의 경우 주마다 다르지만, 수입 기준은 한국보다도 낮아 10개의 주에서는 50만 달러(약 5억 원)를 기준으로 하고 있었다. 가장 높은 금액 기준을 가진 주도 연평균 100만 달러(약 10억 원, 뉴햄프셔)였다. 한국보다 낮은 기준이기에 더 많은 공익법인이 외부회계감사에 참여하고 있고 이는 공익법인의 투명성으로 이어진다.

기업재단도 투명성의 사각지대다. 공정거래위원회에서 2018년에 발표한 대기업 소속 공익법인 165개 중 단 3곳만이 한국가이드스타의 투명성 검증을 받았다. 내 돈으로 기부했기에 내 맘대로 쓸 수 있다는 생각이 그 배경이다. 그러나 생각해보면 기업은 공익법인에 기부하면서 비과세 혜택을 받는다. 결국 출연금이나 기부금은 국가의 혜택을 받은 공공의 자산이라고 할 수 있다. 당연히 투명성 검증을 받아야 한다. 이것이 조세 정의에 부합한다. 더욱이 확산되고 있는 ESG 경영에서 사회적 가치의 창출은 투명성을 전제로 하기에 그 필요성이 더하다고 할 수 있다.

대형 기부금 단체들의 해외본부 송금도 짚고 넘어가야 한다. 국내에서 모금해 직접 해외사업을 영위하는 경우는 투명성이 검증될 수 있으나 본부 송금은 본부의 쓰임새를 보지 않는 한 투명성을 검증하기 어렵다. 국제기구나 다국적 구호단체의 특수성을 감안한 투명성 검증 방안이 모색되어야 하겠다.

내가 낸 기부금은 좋은 곳에 쓰였을 것이다. 모든 기부자는 그렇게 믿고 있다. 그러나 내가 낸 기부금 중 10% 정도만 투명성 검증을 받고 있다. 기부금을 쓰는 비영리 공익법인 10곳 중 6곳은 독립된 회계감사를 외면하고 있다. 전체 기부금의 절반 이상을 쓰는 기업 재단은 여전히 내 돈이니까 내 맘대로 쓴다고 생각하고 있다. 기부자들의 무관심 속에 내가 낸 기부금은 이렇게 쓰여지고 있다. 이제 기부자들이 나서야 한다.

‖글로벌경제신문 2021.05.31.

02

우크라이나 기부금은
어디로 갔을까

배우 이영애 씨가 우크라이나 대사관에 1억 원을 기부했다. 러시아의 침략으로 고통받는 우크라이나 국민들을 구호하기 위함이었다. 이를 시작으로 우크라이나를 향한 기부가 전국 각지로 퍼져나갔다. 2022년 7월 23일 기준 대사관에 기부된 금액이 1,000만 달러 이상(약 131억 원)을 돌파했다. 우크라이나 대사관 공식 소셜미디어에 따르면 약 29억 원은 우크라이나 사회정책부로 전달되었고, 약 82억 원은 의료용품 및 생필품 등 구입, 나머지 10억 원은 인도적 지원 수송비에 쓰였다. 하지만 우크라이나 대사관은 공익법인이 아니기에 주무관청에 상세 지출내역과 관리현황을 보고할 필요가 없다. 잘 쓰여졌으리라 믿는다. 오해는 없기 바라며, 대사관이 말하는 대로 그냥 믿어야 하는 것이 현실이다.

주한 우크라이나 대사관 공식 페이스북 발췌

 Посольство України в Республіці Корея/ 주한 우크라이나대사관 ✓
2022년 7월 23일 · 🌐

러시아가 우크라이나에서 잔혹한 전쟁을 벌인 지 150일째 되는 날, 우리는 우크라이나에 대한 강력하고 확고한 지원에 대해 한국 국민에게 깊은 감사를 표할 수 있는 기회를 갖게 되었습니다! 한국의 지지자들 덕분에 우리는 우리나라의 인도적 구호를 위한 기금을 10,000,000달러 이상 모금할 수 있었습니다.
7월 23일 현재 기부금은 다음과 같이 쓰였습니다.

- $2,206,415 우크라이나 사회정책부 특별 임시 계좌로 이체됨.
- 의료 용품 및 의약품을 포함하여 인도주의적 물품 및 생필품 구매에 $6,263,903 사용.
- 인도적 지원 수송비 $767,447 지출.

개인과 기업의 기여에 진심으로 감사드립니다. 여러분은 우크라이나인의 생명을 구하고 있습니다! 계속 지켜봐 주시고 우크라이나를 지원해 주십시오. 우리의 최종 목표는 승리입니다! 우크라이나를 위한 기부를 원하는 모든 분들은 http://u24.gov.ua 정부 플랫폼이나 대사관 인도주의 특별계좌(하나은행 174-910024-87105)를 통해 기부하실 수 있습니다.

대한민국, 감사합니다!

출처 : 주한 우크라이나 대사관 공식 페이스북(www.facebook.com/UkrEmbassyKorea)

같은 시기에 또 하나의 이슈가 있었다. 바로 울진 산불이다. 재해구호협회에 기탁된 기부금은 535억 원(4월 27일 기준)이 넘었다. 재해구호협회는 공지사항에 피해 시설 현황, 재난안전상황실 대처 상황, 현장구호활동 상세 내역 등 심지어 어떤 물과 라면을 샀는지도 구체적으로 밝혔다. 화재로 인한 손해를 보상하기 위해 손해사정인의 감정을 받아 정확한 피해규모를 파악해 구호금을 전달했

희망브릿지 대응

지역	일시	주요 내용
울진군	3/10 (목) 11:30~18:00	① 경북 울진 한울원자력본부 산불 피해 긴급구호차량 지원 - 함양지사 : 모포(대-128점/소-660점) 788점, 의류(발열복/남자/대) 1,000점
	3/9 (수) 11:30~18:00	① 군청 요청으로 소방지원본부 지원 협의 및 산불대응인력 지원 - 함양지사 : 모포 288점, 물티슈 300점, 면도기 200점, 칫솔 200점, 양말(남) 200세트, 수건 150세트, 속옷(남) 150세트 - 현장 BGF 간식차량 : 간식류 지원
	3/8 (화) 11:30~18:00	① 경북 울진군청 산불 피래 긴급구호차량 지원 - 세탁구호차량 2대(현대1/롯데1, 8톤) ② 의료지원활동 2명(약사1, 한의사1)

자료 : 전국재해구호협회 경북 울진·강원 삼척 등 산불 피해 현황보고 35보(2022.4.18. 9시 기준) 발췌

다. 대한적십자사 또한 성금 집행을 위한 위원회 회의록을 공개하여 기부자라면 누구든지 내용을 확인할 수 있도록 했다.

현업이 있는 직업인 입장에서는 기부금을 위탁하는 것이 가장 효율적이고 효과적인 것은 분명하다. 직접 공익사업을 기획하고 참여히는 게 아니라 전문성을 지닌 단체에 내 기부금을 레버리지하는 것이다. 이는 세계적인 고액기부사클럽 '더기빙플레지(The Giving Pledge)'에 서약한 김봉진 우아한형제들 대표와 김범수 카카오 의장의 차이이기도 하다. 김봉진 의장은 기부를 선언한 5,000억 원의 일부를 전국재해구호협회와 사회복지공동모금회 등에 운영을 맡겼다. 김범수 의장은 브라이언임팩트재단을 설립해 공익사업을 준비하고 있다. 모든 선택에는 장단점이 있지만 무엇이 옳다

고 말할 수는 없다. 그러나 기부금을 받은 단체가 기부금을 횡령하거나 사기를 치는 경우는 없을까. 이미 일련의 사건들은 기부자들에게 주의의 신호를 보내고 있다.

기부금 사기는 단체와 개인을 가리지 않는다. 반려견 '경태'를 앞세운 택배기사 '경태아부지'는 개인 계정을 통해 후원금을 모집 후 계정을 초기화했으며, 2022년 초에 일어났던 울산 산불 재해 중에도 기부금 사기사건이 공공연하게 신고되었다.

공익법인은 '공익'이라는 사회적 신뢰관계를 포함하고 있다. 기부자가 공익법인을 만나는 방법은 각종 홍보매체를 통해서인데, 이때 기부자가 돋보기를 들고 속사정을 들여다보지 않는 한 언제 어디서든 문제가 발생할 수 있다. 기업과 공공기관의 기부도 마찬가지 이다. 유명한 단체, 지역에 있는 단체, 또는 그냥 임직원이 아는 단체로 기부를 하는 경우가 있다. 적절한 의사결정 과정 없이 진행된다면 기부금 횡령 사건이 생길 경우 누가 책임을 질 것인가. 최대 기부자인 기업을 대상으로 하는 ESG 평가에 기부처를 결정하는 기준과 프로세스가 들어가야 하는 이유이다.

공기관 한국수력원자력에서는 기부처를 선택할 때 제3자의 평가 기준을 반영하고 있다. 2022년 7월 한수원은 아동복지시설과 지역아동센터를 대상으로 이동용 차량 지원사업 수행기관을 공모했다. 15억 원 규모의 사업이었다. 수행기관을 선정할 때 평가 항목

평가지표별 해당 점수표

신용평가등급에 의한 평가			비영리단체 평가	점수	
회사채	기업어음	기업신용 평가등급			
AAA, AA+, AA0, AA-, A+, A0, A-, BBB_, BBB0	A1, A2, A20, A2-, A3+ A30	AAA, AA+, AA0, AA-, A+, A0, A-, BBB+, BBB0	★★★★★★	수(100%)	5.0
BBB-, BB+, BB0, BB-	A3-, B+, B0	BBB-, BB+, BB0, BB-	★★★★★	우(95%)	4.75
B+, B0, B-	B-	B+, B0, B-	★★★★	미(90%)	4.5
CCC+ 이하	C 이하	CCC+ 이하	★★★ 이하	양(70%)	3.5

자료 : 한국수력원자력, 2022년도 안심카 플러스 사업 수행기관 공고문 중 발췌

으로 한 민간기관의 공익법인 평가항목을 활용하고 있었다. 기관 투명성을 위한 적절한 내부적인 구조를 갖추고 있는지, 기부금이 공익사업에 효율적으로 사용되고 있는지에 관한 지표이다.

 기업계에서는 ESG가 주요 평가기준으로 자리잡은 지 오래이다. 특히 S(Social) 분야인 사회적 책임에 있어서 사회공헌사업 전문 수행자인 파트너 NGO를 선정할 때 그 단체가 기부금 운용조건과 자격을 갖추고 있는지 반드시 심사과정을 거칠 필요가 있다. 내부 투명성에 신경 쓰는 단체일수록 외부로 공개되는 정보가 많기 때문에 비영리 분야의 신뢰관계를 다지는 주춧돌이 될 것이다. 대한민국을 움직이는 셀럽(Celebrity)과 기업, 그리고 공공기관들의 선한 의지와 영향력이 기부문화의 선순환을 만들 수 있도록 우리들의 '의지'가 필요하다.

2022년 여름 기록적인 폭우로 이재민들이 발생하면서 또 다시 온정의 손길이 이어지고 있다. 사회복지공동모금회, 전국재해구호 협회, 대한적십자사 등 대표적인 구호단체가 기부금 투명성 경쟁을 통해서라도 국민들의 따뜻한 마음이 온전히 전달되었으면 한다. 이 것은 세계기부지수 114개 조사대상국 중 110위에 머무르고 있는 우리나라가 세계 경제규모(GDP) 10위라는 이름에 걸맞은 명실상부한 선진국으로 도약하는 중요한 의제가 될 것이기 때문이다.

우리나라는 원조를 받기만 하다 원조를 주는 나라로 탈바꿈한 유일한 사례이다. 그 바탕에는 세계 10위권으로 도약한 경제력이 있다. 잘살게 된 다음 국가 행복지수 단위 10개국을 보면 상당수가 국가 청렴도나 체계측명성에서 상위를 차지하고 있다. 세계행복 보고서에 따르면 이들은 코로나 팬더믹 기간중에도 GDP의 감소를 사회적 연대나 선행활동으로 상쇄했다. 자선활동이 코로나 이전보다 10%나 늘었다고 한다. 그래서 깨끗한 나라의 국민들은 예외없이 행복했다. 반면 돈이 많은 우리는 돈의 순위나 행복의 순위가 일치하지 못하고 미스매치가 일어났다. 깨끗하지 않아서 생긴 일이다. 정치도, 기업도, 공익법인도, 노동조합도 투명성을 기준으로 더 깨끗해져야 한다. 이것이 우리나 행복해지는 길이다.

03

고향사랑 기부금을
내고 보니…

 고향사랑 기부금을 냈다. 또 한 번의 '묻지 마 기부'를 한 셈이 됐다. 몇 년 전 중증장애시설이 마스크를 생산한다기에 기부를 했는데 영수증조차 발급받지 못했던 아픈 추억이 있다. 물론 그 회사는 영수증 발급을 약속했었다. 그런데 나중에 검색해보니 기부금 수령단체가 아니었다. 고향사랑 기부금도 고향이라는 설레는 단어에 가슴이 뛰어 기부를 했는데, 다행인 것은 영수증이 제대로 발급된다는 것. 그러나 내 기부금이 어디에 쓰일지는 아직 모른다.

 그런데도 축구선수 손흥민(춘천시), 반기문 전 유엔 사무총장(음성군), 나영석 PD(충청북도), 방탄소년단(BTS) 멤버 제이홉(광주 북구) 등 대한민국과 세계를 열광시킨 이들은 태어났던 고향에 기부금을 전달했다. 2023년에 처음으로 도입된 '고향사랑 기부제'를 널리 알려 기부를 활성화하기 위해 솔선수범한 것이다.

'고향사랑 기부제'란 자신이 사는 거주지 외 지자체에 기부하면, 지자체가 해당 기부금을 주민 복리에 사용하는 제도이다. 문재인 정부는 도농간, 세대간의 재정 격차를 완화하기 위해 '기부'라는 방식을 제안했다. 일본에서 시행한 '고향 납세제도'를 한국화시킨 것인데, 일본 또한 지방자치단체 세수가 줄어들면서 도입한 정책이다. 일본은 제도를 도입한 2008년에 개인 기부 기준 약 865억 원(81.4억 엔)을 모았다. 이후 2020년에는 약 82배가 증가한 한화 약 7조 1,486억 원을 모금했다. 기부금 세액공제(08년 : 10% → 15년 : 20%)와 답례품 혜택이 일본에서는 큰 유인책으로 작용한 것이다.

문제는 우리나라는 답례품 경쟁이 치열해지면서, 고향e음(고향사랑 기부제도) 홈페이지가 '지역답례품 쇼핑몰'과 다르지 않다는 것이다. 단순히 경제적인 요인으로만 기부 제도가 유지된다면 '기부'라는 말은 의미가 퇴색된다. 기부는 반대급부 없이 순수한 선의로 이루어져야 한다. '고향사랑 기부제'로 인해 답례에 익숙해진 기부자가 오히려 성실한 기부단체에까지 답례품을 기대하는 역효과를 만들 수 있다. 더 나아가 우리가 흔히 알고 있는 자선단체들의 기부금이 지자체 예산으로 옮겨 갈 위험성도 있다.

지자체는 목표금액 없이 기부금을 모집하며, 세부적인 사용 계획 없이 코앞의 모금에만 급급해 보인다. 고향e음에 따르면 기부금은 지역 주민들의 복리를 높이는 데 최종 사용된다고 안내되어 있다. 취약계층을 지원하고, 지역 공동체 내 문화, 예술, 보건 환경을 증진한다는 내용은 기존의 지역 내 공익법인들의 사업과 다를 바가 없다. 오히려 공익법인들은 모금하기 위해 모금 방법과 그 내역, 결과 보고 등을 주무관청에 보고하고 법률 규정을 지켜가면서 투명하고 효율적인 기부금 사용을 강제 받고 있다. 모금은 기부자를 향한 설득이다. 문제를 공감시키고, 기부 외에도 봉사활동, 서명운동 등 다양한 방법으로 움직이게 하는 것이 현재 자선단체들이 하고 있는 일이다. 고향사랑 기부금의 중심에 있는 지자체가 현재 간과하고 있는 부분이다.

지자체는 기부문화와 기부시장을 이해할 필요가 있다. 주기적으로 발생하는 기부금 횡령과 사기는 지역, 이념, 정서를 가리지 않고 발생한다. 새희망씨앗, 미르재단, 정의기억연대 사건이 그러하다. 반려견을 이용해 기부금을 모집하고 도박에 사용한 '경태 아부지' 사건은 수많은 소액 기부자들의 마음에 상처를 남겼다. 이처럼 플랫폼 메인 뉴스에 기부금 사건사고가 뜰 때마다 후원 해지를 고려하고 있다는 게시글은 어렵지 않게 발견할 수 있다. 좋은 의도로 시작한 고향사랑 기부제도는 지자체장의 치적을 위해 한 순간에 왜곡될 수 있고, 신의를 저버리는 미꾸라지가 한 마리라도 나타날 경우 기부 중단뿐만 아니라 기존의 기부시장까지 해치는 결과가 나타날 것이다.

　기부 제도는 단순한 정책이 아니라 국민을 향한 '기부 교육'이다. 기부자들이 자신의 관심과 선호도에 따라 기부처를 선택하고, 얼마를 기부할지 고민하는 과정을 거친다. 자신이 지출한 돈의 효용성을 평가하여 다시 재구매하는 과정은 일반적인 경제 교육과 다르지 않다. 하지만 이상하게도 일반적인 기부는 단순한 소비에서 그치고 만다. 반대급부가 없는 기부금일수록 기부금의 효율성과 변화를 확인해 환류의 과정을 거칠 수 있도록 장려해야 한다. 지방자치단체가 투명하게 정보를 공개하고, 기부자들을 참여시키고, 시민사회 등 제3자의 감시와 평가 장치를 마련한다면 자연스런 기부 교육이 이루어질 것이다.

　아직 돌도 지나지 않은 정책에 과도한 기대일지도 모르지만 해당 제도가 투명성과 효율성을 동시에 이행하는 모범적인 기부제도가 되길 바란다. 시혜적인 사업도 일부 필요하겠지만, 단순히 노약자에게 잔돈푼 용돈으로 지급된다면 기부금의 효용성은 오래가지 않을 것이다. 오히려 겨울 농한기에 볏짚으로 가마니를 짜고, 새끼줄을 꿰는 등 노동을 통해 급여를 제공했던 새마을운동의 사례가 더 가슴에 와 닿는다. 고향사랑 기부금이야말로 고령화 등의 인구 특성을 반영하여 취약계층에게 안정적인 소득을 창출하는 환경을 만들고, 보건·문화·예술 등의 인프라를 구축하여 삶의 질을 높이는 마중물이 되어야 한다. 대한민국이 기부 선진국이 될 수 있는 디딤돌로 고향사랑 기부제도가 자리잡길 바란다.

04

나라를 뒤흔든 공익법인의 미래

국정농단 사건이 불거지기 이전인 2016년 여름, 전국경제인연합회가 공익법인을 설립한다는 소식이 들렸다. 반가운 마음에 조금 더 알아봤더니 대통령 국정 목표의 하나인 문화 융성을 기업 차원에서 구현해 줄 방안을 찾아본다고 했다. 그리고 조금 더 당면하고 가시적인 목표로 2018 평창 동계올림픽에서 좋은 성적을 올려 국위를 선양시키는 방안도 협의 중이라고 했다.

그래서 이왕 굴지의 대기업들이 나서는 것이면 모범적인 공익법인을 만들고 운용해 달라고 건의했다. 지향하는 가치를 분명히 하고 사업을 추진함에 있어서는 투명성과 효율성을 확보해 달라고 했다. 구체적으로는 이사회의 독립된 운용, 사업비와 관리비의 엄격한 구분, 외부 감사의 의무화 등 사소하나 잘 지켜지지 않는 법률상의 규제와 지원 등을 명기해 줬다. 그러겠노라는 실무자의 다짐까지 받았다.

그러나 그 다음은 잘 알려진 대로다. 대통령의 비선 실세가 자신의 배를 채우기 위해 공익법인이라는 제도를 이용했을 뿐이고 투명성이나 효율성은 내팽개쳐 버렸다. 그리고 대통령이 탄핵당하고 정권까지 퇴진하는 상상도 못 할 큰일이 벌어졌다. 따지고 보면 그 발화점에는 두 개의 공익법인이 있었다.

성격이 다르기는 하나 논란이 되는 어느 장관의 이슈에도 두 개의 공익법인이 등장한다. 먼저 학교법인인 웅동학원, 비영리 공익법인이다. 웅동학원이 소유하고 있는 웅동중학교의 교사 신축공사가 말썽이 되고 있다. 이사장이 소유하는 건설회사가 공사를 맡았고 공사의 일부는 이사장의 둘째 아들에게 하도급이 갔다. 공사대금을 둘러싼 소송에서 이사장의 둘째 아들은 법인의 사무국장으로 옮겨 원고이면서 피고의 역할을 했다. 아울러 파산한 동남은행의 채권을 둘러싸고도 공익법인 내에 확실한 장부가 보이지 않아 논란이 되고 있다.

장관의 딸이 서울대 환경대학원에 다니면서 받았다는 장학금과 관련해서도 구설수가 생겼다. 장관의 딸에게 두 학기 연속으로 장학금을 지급한 서울대 총동창회 산하 장학재단은 지금도 기부자들로부터 거센 항의 전화를 받고 있다고 했다. 이유는 장관이 취임 전

기자간담회에서 장학금을 반환하려고 했지만, 장학회에서 한 번 받은 장학금을 반납할 수 없었다고 밝혔기 때문이다. 또 어떤 기준으로 자신의 딸이 장학생이 됐는지는 자신도 모른다고 했다. 멘탈 중무장이라는 그 딸도 모른다고 하고 있다.

쉽게 말하면 장학금의 수혜자가 어떤 기준으로 선정되는지 깜깜이였고, 사후 관리도 전혀 되지 않았다는 얘기다. 그렇다면 투명성이 전혀 담보되지 않는 공익법인에 내 돈을 기부하고도 잘 운용되리라고 믿었던 기부자의 잘못이었을까.

상식적으로는 납득이 되지 않지만, 이해는 간다. 장학금은 반납하지 못한다는 규정은 없었지만 내 손에 한 번 들어온 돈을 쉽사리 내놓기는 싫은 게 인간의 본능이기 때문이다. 이 본능의 유혹을 규율하는 것이 규정이고 법률이다. 장학재단이건 학교법인이건 법을 지키면 본능의 유혹을 억제시킬 수 있다. 그랬더라면 장관이건 딸이건 얼마나 떳떳했을까. 그리고 나라가 두 동강이 날 정도로 시끄럽지는 않았을 것 같다.

돌이켜보면 우리는 공익법인의 부적절한 경영으로 초래된 위기를 여러 차례 겪었다. 비근한 예로 아웅산 순국 사절들을 위해 조성된 일해재단은 전두환 개인의 축재 수단으로 변질됐다. 이 때문에 우리 사회는 5공 청산이라는 과제를 아직도 해결하지 못하고 있다. 일본군 위안부의 문제를 해결하기 위해 설립된 화해치유재단은 역으로 한·일 간에 씻을 수 없는 앙금을 남겨 버렸다. 그리고 두 나라 관계는 동맹이라 할 수 없을 정도로 훼손됐다. 만약 일해재단이 그야말로 순국 사절들의 뜻을 기리는 고귀한 재단으로 존재했다면, 화해치유재단이 한·일 간의 숙제를 푸는 생산적 기구로 작동했더라면 우리 사회가 안고 있는 지금 같은 갈등관계는 상당부분 해소됐으리라 본다.

공익법인을 둘러싼 몇 가지의 사례를 보면서 우리는 새삼 공익법인의 설립 취지와 지향하는 가치, 투명성과 효율성이라는 대원칙의 중요성을 실감하게 된다. 그리고 이를 담보하는 제도와 규정이 제대로 정비되고 지켜지는 것이 사회적으로 얼마나 큰 의미가 있는 것인지를 실감하게 된다. 도마 위에 놓인 것같이 보이는 공익법인이지만 만약 그 취지대로만 운용된다면 사회는 공익법인의 존재만으로도 성숙되고 안정된 미래를 보장받을 수 있게 될 것이다.

‖글로벌경제신문 2019.10.01.

05

대통령 기념 공익법인의 현상

대통령 선거가 끝나고, 곧 새 정부가 출범한다. 역대 대통령이 1명 더 추가되는 순간이다. 대한민국 공익법인에는 건국 이래 12명의 역대 대통령들을 기리는 재단과 기념사업회들이 포함되어 있다. 대한민국 역사가 된 이들의 정치철학과 활동들을 후손들에게도 알리기 위해 법인을 설립한 것이다.

대통령 기념사업들은 잘 운영되고 있을까. 2021년도 국세청 결산서류를 분석해본 결과 불성실 공시에 해당하는 법인들이 다수 있었다. 이명박대통령기념재단은 공익목적사업수행비가 0원으로 비용 전액 모두 법인운영관리비로 지출이 되었다. 김영삼민주센터, 김대중노벨평화상기념관도 대부분의 지출이 일반관리비에 해당했다. 일반관리비는 조직을 운영하기 위해 필수적인 비용이나,

90% 이상이 일반관리비로 지출될 경우 본연의 사업에 충실하고 있는지 알 수 없다. 박정희대통령추모사업회는 수익 및 비용 현황을 공란으로 제출하기도 했다.

특히 김영삼민주센터, 김대중이희호기념사업회, 이명박대통령기념재단은 기부금이 총수익의 100% 가까이 차지했다. 대통령 기념 법인은 특히 그의 정치철학을 따르는 지지자들이 기부자로 참여한다. 정치색은 다를지언정 그들이 운영하는 공익목적사업을 위해 기부금에 세제혜택을 부여한다. 기부금이 보다 더 공익을 위해 많이 쓰일 수 있기 위함이다. 즉, 국민들에게 마땅히 사용되어야 할 세금을 공제했다고도 볼 수 있다. 따라서 공익법인은 기부회원들뿐만 아니라 국민들에게도 책무성에 대한 준비와 투명한 사용을 증명해내야 한다.

공익법인은 공시-감사-평가 세 단계를 거쳐야만 비로소 투명성과 책무성에 관한 엄격한 기준을 갖추고 있다고 말할 수 있다. 감사와 평가, 즉 외부 기관에서 공익법인을 확인하는 것은 투명성 평가의 중요한 지표이다. 대다수 법인은 내부감사의 형태를 갖추고 있지만, 그것은 그야말로 내부 감사이다. 내부의 특수관계에 의해 왜곡될 가능성이 있기 때문에, 제3자의 눈으로 봐야지만 이해 관계없이 원칙에 따라 문제제기를 할 수 있는 것이다. 외부회계감사, 외부기관평가를 스스로 의뢰하는 것이 투명경영에 관심 있는 법인

대통령 관련 공익법인 재무현황

서식	법인명	이사장	설립년도	총자산	기부금 수익	총수익 대비 기부금 비중	총비용 대비 일반관리비 비중	회계감사 이행여부
표준	(재)사람사는세상노무현재단	정세균	2009	516억 원	115억 원	91%	14%	Y
표준	(재)청계	송정호	2009	494억 원	-	0%	6%	Y
표준	(재)박정희대통령기념재단	유영구	2013	444억 원	2.3억 원	28%	26%	Y
표준	(재)정수장학회	김삼천	1962	306억 원	18억 원	59%	0%	Y
표준	(사)해위윤보선대통령기념사업회	김성수	2010	29억 원	-	0%	9%	N
표준	(사)김영삼민주센터	김덕룡	2010	12억 원	1.2억 원	100%	95%	N
표준	(사)김대중평화센터	김홍업	2008	11억 원	1.2억 원	36%	0%	N
표준	(재)김대중노벨평화상기념관	김성재	2013	10억 원	1,700만 원	2%	90%	N
간편	김대중이희호기념사업회	김홍걸	2020	7,000만 원	8,300만 원	100%	45%	-
간편	최규하대통령기념사업회	박순조	2013	6,000만 원	960만 원	27%	88%	-
간편	이명박대통령기념재단	맹형규	2014	6,000만 원	9,000만 원	100%	100%	-
간편	이승만건국대통령기념사업회	신철식	2009	4,000만 원	-	0%	0%	-
간편	박정희대통령추모사업회	조상섭	2014	-	-	0%	0%	-

주 : 총자산금액 순 정렬(2021년 공시기준)

들이 해야 하는 일이다.

한국가이드스타가 확인한 바에 따르면 2021년에 공시한 공익법인 결산서류를 제출한 법인 1만 1,057개 중 외부회계감사를 받았다고 응답한 법인은 4,356개로 전체 공익법인 대비 39.4%만이 회계감사를 받고 있었다. 실제 외부회계감사 의무가 있는 3,588곳 중 전문을 공개한 법인은 2,107개이다. 의무대상이나 받지 않았다고 표기한 곳은 871개의 법인이나 되었다. 이중 내가 기부한 곳이 있다면 어떠할까. 외부평가로부터 의무가 없고, 관심도 없는 곳에 나의 소중한 기부금을 맡길 수 있겠는가.

다행히도 공익법인 외부회계감사 의무는 2019년도 세법개정을 통해 그 의무가 확장되고 있다. 주기적으로 발생하는 기부금 횡령을 막기 위해 외부감사의 필요성을 정부에서 인정한 것이다. 예전에는 자산 100억 원 이상의 공익법인만 외부회계감사 대상이었다면, 이제는 연간 수입금액 50억 원 이상 또는 기부금 20억 원 이상의 공익법인도 대상에 포함한다. 미국의 경우에는 기부금 및 보조금 수입 기준으로 외부회계감사 의무제를 시행하고 있으며 주마다 규정은 다르지만 최소 기준은 약 5억 원(50만 달러) 이상 수입이 발생할 경우 그 의무를 가졌다. 대상 법인이 많아질수록 기부금 및 보조금 사용에 있어서 책무성은 높아질 것이고 이는 공익법인의 신뢰를 높이고 한 단계 성장할 수 있는 발판이 될 것이다.

공익목적사업 지출규모 기준으로 가장 활발한 사업을 펼치고 있는 곳은 노무현재단이다. 총 61억 원의 지출비용 중 공익목적으로 약 52억 원을 지출하고 있다. 노무현재단은 100억대 민간 기부금으로 운영하고 있으며 최소한의 법정 이행 의무만을 다하고 있다. 한국가이드스타 공익법인 책무성 평가 기준에 따르면, 노무현재단은 직원 리스트와 이사회 회의록 등을 홈페이지에 공개하지 않고 있다. 직원 리스트를 공개하는 것은 어떤 사람들이 법인의 실무를 담당하는지 알려주는 가장 명확한 방법이며, 이사회 회의록 공개하는 것은 ESG 중 G(Governance, 거버넌스)에 해당하는 요소로 법인 운영에 관한 의사결정 과정을 투명하게 공개하고 공유하겠다는 의지이다. 이미 해외의 공익법인 평가기관들도 비영리 조직 투명성 평가 지표로 활용하고 있는 항목이다.

역대 대통령 모두 퇴임 후 불미스러운 이슈들이 잦았다. 정치적인 사건에 휘말리더라도 공익법인은 그 자리에서 최선을 다해 신뢰성을 증명하는 절차를 밟아야 한다. 외부검증시스템은 모든 공익법인에게 필요하며, 기부자들은 자신의 기부금이 어떻게 사용되는지 이성적이고 비판적인 시각으로 법인을 후원해야 한다. 기부자가 된 대통령 지지자들도 마찬가지이다. ‖데일리임팩트 2022.04.11.

06

공익법인은
설립자의 것이 아니다

공익법인이란 사회 일반의 이익에 이바지하기 위해 공익을 목적으로 하는 법인을 말한다. 사회복지, 의료, 학술장학, 문화 등 다양한 공익활동을 하고 있으며, 이러한 활동은 국가의 역할을 대신하는 것으로 국가에 의해 여러 가지 세제 혜택이라는 특혜를 부여받고 있다.

하지만 공익법인과 관련하여 불거지고 있는 여러 사례들을 보면 공익법인을 설립하고 운영하는 데 있어서 그 의미가 퇴색되고 있다. 몇 년 전 한 국회의원의 문화재단 설립과 운영을 놓고 갑론을박을 벌였다. 해당 의원은 목포에 A문화재단을 설립하면서 부동산 투기 의혹과 남편의 대표이사 구성 등에 관한 논란을 벗어나지 못했다. 이에 대해 해당 의원은 인터뷰에서 "재단에서 구입을 한 것입니다. 재단은 공공재입니다. 팔 수가 없는 거예요"라고 말했다.

해당 의원의 말은 개인 명의가 아닌 재단이 부동산을 구입했기 때문에 문제가 없다는 취지의 발언이었다. 나전칠기박물관 설립을 위해 매입한 땅은 도시 재생과 전통문화 진흥을 위한 선의에서 시작했고, 공익을 위한 것이라고 주장했다. 또한 남편이 이사장을 맡고 있는 문화재단의 자산을 국가에 기부하겠다고 밝혔다.

하지만 재단의 자산을 국가에 환원하겠다는 의원의 말은 공익 활동을 목적으로 하는 공익법인의 진정한 의미를 모르는 것이 아닐까 생각된다. 공익법인은 내가 출연금을 내고 설립을 했어도 일단 공공의 것인데, 해당 의원은 '내가 설립했으니 내 것'이라는 시각으로 보는 것이다.

또한 삼성의 삼성문화재단, 이명박 전 대통령의 청계재단 등 일

삼성문화재단

출처 : 삼성문화재단 홈페이지(www.samsungculture.org)

부 공익법인들이 특수관계인들의 이익을 위해 설립돼 운용되고 있다는 의혹이 끊이지 않고 있다. 한 대기업 계열 공익법인 문화재단은 계열사 3곳으로부터 기념관 건립을 명목으로 수백억 원의 출연금을 현금으로 받았다. 하지만 재단은 이 돈을 기념관 건립이 아닌 창업주의 생가 주변 땅을 매입하는 데 사용했다.

공익법인은 사회공헌활동을 장려하는 취지에서 특수관계법인의 최대 5% 지분까지, 출연에 따른 상속·증여세를 면제해 주는 혜택을 받는다. 하지만 일부 대기업과 자산가들은 이런 제도를 악용해 계열사나 자산을 특수관계인들이 지배하는 공익법인에 넘겨 총수 일가의 지배력을 확대하는 수단으로 활용한다는 의심을 받고 있다. 삼성공익재단의 경우 5,376억 원이라는 거액의 계열사 주식을 갖고 있지만, 주식 보유 비율이 5% 미만이어서 아무런 제재를 받지 않고 있다. 세금혜택을 받으면서 공익이 아니라 사익을 추구하는 것이 공익법인이라는 비판도 받고 있다.

공익법인은 사유재산을 출연하여 설립할 수 있지만 공직인 목적을 수행하기 때문에 공공의 것이다. 하지만 아직 몇몇 공익법인 설립자들은 내 돈 내고 설립한 공익법인은 내 것이라는 인식이 강하다. 공익법인은 출연과 동시에 개인의 것이 아니라 공공의 자산이라는 인식을 가져야 한다. 또한 설립과 운영 시 법을 의무적으로 준수해야 하며, 기업들은 상속의 편법수단으로 활용하는 것을 지양해야 한다.

　몇 년 전 사립유치원들이 '에듀파인(국가관리회계시스템)'을 도입하기로 한 것도 회계 투명성 확대를 원하는 학부모들의 열망에 따른 것이다. 사립학교 역시 마찬가지로 개인이 사유재산을 출연하여 설립하지만 교육이라는 공적인 목적을 수행하기 때문에 학생들의 등록금으로 조성되는 자금만큼은 확실하게 교육에 사용되도록 해야 한다. 그러나 몇몇 학교법인 설립자들은 자신이 오너라는 인식을 갖고 있는 듯하다.

　기업 소속 공익법인뿐만 아니라 모든 공익법인이 사회공헌활동을 열심히 하더라도 지배구조 즉 이사회가 내·외부 압력으로부터 독립성을 유지하지 못하도록 구성되어 있다면 공익법인 설립 의도에 의심을 받을 수밖에 없다. 이상적인 공익법인 이사회는 경영진에게 사업의 방향과 전략을 인도하는 조력자이며, 최고 의사결정자로서의 중요한 역할을 수행한다. 따라서 이사회를 누구로 구성해야 하며, 의무와 권한의 범위가 어디까지인지에 관해 규정하는 것은 매우 중요하다.

　이에 신탁 이사회를 구성하는 것을 제안한다. 공익법인은 출연자의 정신에 따라 이사회를 구성해야 한다. 기부한 사람이 아닌 기부자의 뜻을 잘 구현해 줄 수 있는 사람이 이사회 구성원이 되어야 한다. 이런 사람들로 구성된 신탁 이사회를 통해 경영승계 논란을 해소할 수 있다. 영국 정부는 공익법인 기준에 관한 지침서를 제공해 공익법인들이 어떻게 이사회를 구성하고 운영해야 하는지 도움을 주고 있다. 우리나라도 공익법인을 위한 이러한 가이드라인이 제공되는 것이 필요하다.

공익법인은 공익활동을 통해 국가의 역할을 대신하고 있고, 다양한 세제 혜택을 받고 있다는 점에서 공익법인의 투명성 및 사회적 역할의 강화 요구도 커지고 있다. 정부는 공익법인들의 법 준수 여부를 제대로 감독하고 제도 개선을 위해 노력하는 것은 물론이고 현명한 공익법인 설립자라면 법을 지키면서 설립 취지에 맞는 공익사업을 적극적으로 수행하도록 노력해야 한다. 그래야 공익법인을 중심으로 기부문화 활성화를 도모할 수 있다.

‖디지털타임즈 2019.05.16.

07

당신의 기부금은 안전한가요

　자선이나 장학사업 등 공익성을 갖는 비영리사업을 목적으로 한 법인을 공익법인이라 하며, 우리나라는 공시년도 2021년 기준 표준서식으로 공시(자산총액 5억 이상이면서 수입금액과 그 사업년도에 출연 받은 재산가액 합계액이 3억 원 이상)한 공익법인은 1만여 개가 조금 넘는다. 공익법인은 사유재산을 출연해 설립할 수 있지만 공적인 목적을 수행하기 때문에 세금감면 혜택을 받고 있다. 이에 많은 개인과 기업은 기부를 하고 있다.

　우리나라의 큰 기업들은 대부분 공익법인을 운영하며 사회공헌 활동을 하고 있다. 공정거래위원회가 2018년에 발표한 자료에 따르면 기업집단 소속인 공익법인은 165개로 이들의 자산은 약 20조 원. 전체 공익법인의 약 8.4%를 차지한다.

대기업 소속 공익법인 자산규모

구분 (공시 연도)	2016년		2017년		2018년	
	법인수 (개)	비율(%)	법인수 (개)	비율(%)	법인수 (개)	비율(%)
100억 원 이상	99	60.7	101	61.2	102	61.8
50억 원~100억 원 미만	17	10.4	13	7.9	14	8.5
10억 원~50억 원 미만	36	22.2	42	25.5	37	22.4
3억 원~10억 원 미만	11	6.7	8	4.8	12	7.3
3억 원 미만	0	0	1	0.6	0	0
0원	0	0	0	0	0	0
합계	163	100	165	165	165	100

주 : 1) 의무공시 법인 중 공시 연도 2016년도(사업년도 2015년) 대기업 소속 공익법인은 163개
2) (재)서경배과학재단, (재)충북창조경제지원재단 2016년 설립
자료 : 한국가이드스타

    기업뿐만 아니라 공기업들도 공익법인에 많은 기부금을 내고 사회공헌활동을 하고 있다. 특히 공기업이 위치하고 있는 지역의 공익법인과 함께 다양한 공익사업을 펼치고 있다. 지역 공익법인 활성화가 우리 사회의 기부문화 발전과 함께 다양한 분야의 성장에도 크게 기여하기 때문이다. 하지만 지역의 공익법인들이 기업(공기업)의 기부금을 '짬짜미 운영'을 하고 있는 사례가 종종 적발되어 기부를 하는 기업이나 지역 주민들의 실망과 불신이 커지고 있다.

    강원도의 한 공기업은 폐광지역 경제 활성화, 공익적 기업 이미

지 제고, 주민 생활 향상 사업 등을 위해 강원도 지역의 공익법인에 기부금을 지원하고 있다. 이 기업의 기부금 누적 금액은 200억 원을 웃돌았다. 하지만 최근 해당 기업이 지원한 지역의 공익법인 운영 불투명성으로 인해 기업 사회공헌활동에 오점이 생겼다.

지방 공기업은 당연히 해당 지역의 공익법인에만 기부해야 한다고 생각한다. 하지만 지역 내 공익법인에만 기부를 해야 한다는 건 오해다. 물론 해당 지역의 발전을 위한 공익사업을 해야 하는 것은 맞지만 굳이 지역을 한정해 공익사업을 해야 하는 것이 아니라면 투명한 다른 지방의 공익법인을 활용하여 현명하게 기부금을 써야 한다. 지역 공익법인은 지역사회의 니즈를 파악하여 신중하게 써야 한다.

한국전력공사와 한국수력원자력에서는 사회공헌활동을 위한 지원기관을 선정하기 위해 객관적인 지표를 사용하여 선정했다. 사업수행 복지재단을 선정할 때 한국가이드스타의 투명성 및 재무 안정성 지표를 활용해 기관을 선정했다. 전체 평가 항목 중 투명성 및 효율성 등 한국가이드스타의 평가 지표를 20% 할당해 지원기관의 신뢰도 점수에 영향을 미쳤다. 공기업 기부금 지원 시 검증시스템을 도입한 좋은 사례다.

2016년 터진 국정농단 사건의 중심에 있는 미르재단과 K스포츠 재단은 2017년 6월 지정기부금단체가 취소됐다. 그러나 미르재단이 잔여재산 462억 원을 국고 환수 조치하며 2019년 4월 청산 절차를 끝낸 반면, K스포츠재단은 문체부를 상대로 재단 허가취소 처분 취소 소송을 제기하며 아직까지 재단을 운영하고 있다. 공익목적 사업활동을 전혀 하지 않은 채 3년간이나 단체를 유지하며 자산을 직원들의 인건비와 관리비로 지출하고 있다.

한국가이드스타 평가지표에 적용해 보면 미르재단과 K스포츠재단은 공시년도 2017년 기준 설립 2년 미만, 인건비 8,000만 원 이상인 이유 등으로 평가정보가 부족해 평가를 받지 못했다.

2018년 기부문화에 찬물을 끼얹은 새희망씨앗은 2019년 초에 지정기부금단체의 효력을 잃었다. 아동을 돕는다는 명목으로 기부자들로부터 128억 원의 기부금을 받았지만 정작 공익목적사업으로는 2억 원만 사용했으며, 대표와 임직원들은 요트 여행 등 호화 생활을 누린 것이 보도되어 기부자들의 분노를 사기도 했다. 이 단체의 회장은 징역 6년을 선고받았다.

고위공직자들의 공익법인 또한 논란에서 벗어나지 못하고 있다. 한 의원은 공익법인을 설립하면서 부동산 투기 의혹에 휩싸였다. 하지만 의원은 박물관 설립을 위해 매입한 땅은 도시 재생과 전통문화 진흥을 위한 선의였기 때문에 공익을 위한 것이라고 주장하기도 했다.

전직 대통령들도 자신의 자산을 공익법인에 기부하여 좋은 활동을 하고 있다. 그런데 가장 모범적이어야 할 이 법인들도 투명성 측면에서는 문제가 적지 않다. 의무적으로 받아야 하는 외부회계 감사를 하지 않거나, 기부금을 어디에 썼는지 공개하지 않은 경우가 그 단적인 사례다.

비일비재한 보조금 비리 문제 또한 끊이질 않고 있다. 과거에는 사립유치원 보조금 횡령 사태로 인해 보조금 사용에 대한 투명성 논란이, 최근에는 광복회의 보조금과 수익사업에 대한 회계부정 사건이 수면 위로 올라왔다.

이처럼 기부금과 보조금 지원을 위한 검증시스템의 도입은 개인의 욕심이 개입될 여지를 없앨 수 있다. 지원기관을 선정할 때 한국가이드스타와 같은 정보제공기관의 '투명성 평가'를 참조하여 투명하고 효율적으로 사업을 하는 기관을 선정한다면, 투명성 논란의 대상에서 벗어나 안정적인 자선활동을 실천할 수 있다.

공익법인에 대한 비영리분야의 신뢰성 문제 해결은 이제 거스를 수 없는 대세다. 검증 시스템 도입을 통해 개인의 욕심으로 더 이상 기부문화가 위축되는 사건이 발생하지 않길 바라며, 투명한 기부를 통해 지속가능한 지역공동체 발전이 함께 이뤄지기를 기대해 본다.

∥글로벌경제신문 2019.09.10.

08

공익 분야 종사자의
고액 연봉을 어떻게 볼 것인가

2019년 영남과 강원권 지역이 연이은 가을 태풍으로 많은 피해를 입었다. 태풍 '타파'의 피해가 채 복구되기도 전에 태풍 '미탁'으로 이 지역에서 749명의 이재민이 발생했다. 태풍의 영향권에서 비교적 먼 서울은 선선한 날씨를 가져다주는 가을비로 느껴졌는데 심각한 태풍 피해 소식을 접하니 당황스러웠다. 다행히 피해 발생 직후 여러 공익법인이 기업으로부터 구호금품을 지원받아 자원봉사자들과 구호활동을 진행 중이라는 소식을 들었다. 이들 공익법인의 신속한 재난대처 능력에 감탄하지 않을 수 없었다. 공익분야 활동가는 우리가 예측하지 못했던 긴급 상황과 우리 사회 소외된 곳에서 그들의 역량을 발휘한다. 하지만 아이러니하게도 우리는 공익법인 종사자의 전문성 향상을 위한 지원에는 인색하다.

2011년 '사회복지사 등의 처우 및 지위 향상을 위한 법률'이 제정된 지 여러 해가 지났지만, 여전히 많은 공익법인 종사자들이 열악한 근무 환경에서 업무에 합당한 보수를 받지 못하는 것이 현실이다.

보건복지부『2018년 사회복지사 통계연감』에 따르면, 설문에 응답한 사회복지분야 시설장 기본급 평균은 230여 만 원으로 나타났다. 이는 우리나라 전체 직장인 평균 월급여(약 303만 원)의 약 76% 수준이다. 특히, 여성가족부 소관 이용시설의 급여는 187만 원으로 심각한 수준이었다. 사회복지사들의 근무시간 또한 녹록지 않다. 이들의 주간 평균 근무시간은 약 43시간으로 나타났다. 근무시간이 50~60시간 이상인 경우도 22%나 있었다. 더욱 안타까운 사실은 아직도 일부 공익법인이 직원에게 시간외수당을 제대로 지급하지 않고 있으며, 특히 지역아동센터 등 소규모 시설은 근로환경이 더 열악하다는 것이 현장의 목소리다. 부부가 사회복지사면 기초생활수급자가 된다는 우스갯소리가 있을 정도다.

더불어민주당 오제세 의원은 상시 4명 이하의 사업장은 근로기준법 적용대상에서 제외되어 장애인주간보호시설, 공동생활가정 등 전체 46.3%인 9,093개소, 1만 9,891명의 종사자가 법 사각지대에 있다고 말했다. 매년 보건복지부에서 사회복지시설 종사자 처우개선을 위해 인건비 가이드라인을 제공하고 있지만 준수할 의무

사회복지분야 종사자 직급별 월 기본급

(단위 : 억 원)

구분	전체	생활시설			이용시설		
		보건복지부	여성가족부	소계	보건복지부	여성가족부	소계
사례수 (n=424)		144	63	207	175	42	217
시설장급 (평균)	2379789.84	2330330.05	2227725.93	2298300.19	2553880.97	2077394.86	2462151.03
부장급 (평균)	2152468.19	2101303.96	2038319.23	2088897.88	2260016.53	1877032.50	2214625.83
과장급 (평균)	1912370.51	1857742.27	1805963.23	1845202.03	2023719.22	1683413.57	1984016.89
선임 (평균)	82284025.11	1796855.66	1645914.14	1760976.11	175887594.85	1726476.43	157274956.24
사회복지사 (평균)	1766124.97	1714792.48	1608639.74	1681935.68	1866169.66	1638040.00	1825386.70
생활지도원 (평균)	1667887.32	1672995.45	1622700.33	1662217.93	1714576.47	-	1714576.47
기능직 (평균)	1867999.17	1872719.70	2115838.10	1914913.80	1710313.89	-	1710313.89
관리직 (평균)	1733459.85	1611017.39	1658988.13	1620047.18	1930119.80	1637000.00	1918845.96
기타 (평균)	2035446.98	3265439.17	1612973.53	2580270.49	1765143.24	1501800.00	1711711.28

자료 : 『2018 사회복지사 통계연감』, 한국사회복지사협회

에 관해선 모호한 실정이다. 이에 반해 공익법인 과다인건비 규정은 꽤 명확하다. 현재 장학법인과 사회복지법인 임직원에게 연간 8,000만 원을 초과하여 인건비를 지급할 경우 그 금액에 관해서는 고유목적사업에 대한 지출로 보지 않는다. 단, 주무관청에 승인을 받은 경우는 제외된다.

미 국세청은 공익법인의 규모와 전문사업 분야에 따라 과도한

인건비 수준을 달리 본다. 즉, 공익법인의 과다인건비 금액이 정해져 있지 않다. 그렇다면 미국은 공익법인의 과다인건비를 어떻게 관리할까. 해답은 '국민 감시'이다. 미국 공익법인은 매년 미 국세청 홈페이지에 이사와 경영진의 인건비 정보를 공개해야 한다. 이 밖에도 연봉이 10만 달러 이상, 연봉 금액 상위 5명의 명단과 금액을 공개해야 한다. 기부금과 보조금 등 공공자금이 주 수입원인 공익법인은 기부자와 국민의 감시가 정부의 규제만큼 부담스러울 것이다. 따라서 인건비를 일반인에게 공개하도록 하는 것은 기부자와 국민의 상식에서 벗어나지 않는 합리적인 인건비를 공익법인 스스로 산정하도록 돕는다.

미 국세청 공시자료를 근거로 작성된 보고서에 의하면 2015년 미국 비영리 분야에서 최고 임금을 받는 CEO는 챔버오브커머스재단(US Chamber of Commerce Foundation)의 토마스 도너휴(Thomas Donohue)로 약 661억 달러(한화 약 79억 원)의 연봉을 받는 것으로 나타났다. 비영리 분야 고액연봉자의 대다수는 의사, 교수, 투자 관리자, 축구 코치 등으로 고소득 연봉을 받는 분야의 전문가들이었다. 설득력이 어느 정도 있다.

매년 우리나라는 공익분야의 연봉정보가 공개되어 있지 않아 이러한 수치를 확인할 수 없다. 따라서 우리나라 공익분야의 합리적인 연봉 수준을 가늠하는 것은 불가능하다. 이는 일반 국민들이 공익분야 고액연봉자에게 무조건적인 적대감을 느낄 수밖에 없는 원인이라고 생각한다.

　공익법인 고액 연봉자의 투명한 자료공개와 함께 이들 업무의 전문성을 인정하는 사회적 인식 개선도 함께 이루어져야 한다. 많은 기부자가 후원금이 법인의 인력비용으로 사용되는 것에 거부감을 느끼지만, 자신의 기부금이 탄탄한 계획과 공정한 절차 없이 비효율적으로 사용되는 것을 원하지도 않을 것이다. 최근 서울대 총동창회 산하 장학재단이 명확한 규정과 절차 없이 장학금을 지급한 것이 알려져 기부자와 국민들에게 거센 항의를 듣고 있다. 내가 낸 기부금이 우리 사회에 꼭 필요로 하는 곳에 공정하게 사용되기 위해서는 그 계획과 절차를 수립하고 실행하는 공익법인 종사자들에게 그에 맞는 인건비가 지급되는 것은 당연하다.

　전문성 강화를 위한 교육이 이루어지고, 일부 특수 관계자에게만 돌아가는 인건비가 아니라 모든 종사자의 업무역량에 맞는 보수체계가 확립된다면, 우리 사회가 직면한 다양한 문제들이 보다 효과적이고 빠르게 해결될 수 있을 것이다. 공익을 위해 일한다는 자부심과 긍지로 어려운 근무환경에서 열심히 일하는 공익분야 전문가들이 현실적 장벽에서 다른 분야로 돌아서지 않도록 근로자로서 기본적인 권리와 대우를 보장될 수 있도록 사회적 관심과 노력이 필요하다.

‖글로벌경제신문 2019.10.11.

09

공익법인의 반복되는 부실공시, 무엇이 문제인가

현재 수사가 진행 중인 '성남FC 후원금 의혹'에는 여러 기업과 병원 등이 연루되어 있었는데, 그중 눈에 띄는 곳이 하나가 있다. 바로 공익법인 '희망살림'이다. 이곳은 2016년 국세청 공시 결산서류에 '성남시에 부실채권 매입 목적으로 10억 원을 전달했다'고 작성돼 있어 논란이 되었다. 하지만 이는 당시 담당 직원의 결산서류 공시 작성 오류인 것으로 밝혀졌다. 과세 당국에 부실하게 신고되어, 불필요한 오해를 불러일으켰고 수사력만 낭비되었다고 볼 수 있다.

공익법인의 '국세청 공시 결산서류 부실 신고' 문제는 이번만이 아니다. 2020년에는 정의기억연대가 '기부금품 모집 및 지출명세서'에 지출내역과 수혜자 수를 '대충' 작성하는 등의 불성실 공시를 했다는 지적을 받았고, 기부금 수익을 이월하면서 약 23억 원 가량이 누락돼 회계처리 오류의 지적을 받았다. 이로 인해 국세청은 정의기억연대에 회계 오류에 대한 수정 공시를 요구했다. 통상 국세청은 매년 7월 공익법인 결산내역을 검토해 회계처리에 문제가 있는 곳에 재공시를 요청하는데, 당시 정의기억연대의 회계부정 의혹을 계기로 기부금 투명성 문제에 경각심을 갖게 된 공익법인들의 재공시가 전년보다 24배 폭증하는 웃지못할 일도 벌어졌다.

공익법인이 결산내역을 허위 공시했을 때, 국세청장이 1개월 이내 기간을 정해 수정을 요구할 수 있고, 이에 응하지 않은 공익법인에는 총 자산의 0.5%가 가산세로 부과될 수 있다. 가산세를 내지 않기 위한 공익법인들의 재공시가 8월에 몰리는 이유이기도 하다. 국세청이 공익법인에게 결산서류 재공시를 요구하고 공익법인이 그에 따라 재공시를 실시하고 있음에도 불구하고, 공익법인의 불성실 공시 문제는 지속적으로 일어나고 있다.

이러한 일들이 반복되다 보니 공익법인에 대한 국민들의 신뢰는 점점 떨어지고 있는 것이 사실이다. 공시 과정의 삭성 오류는 누군가에게는 정말로 '실수'였을지 모르지만, 이런 실수가 반복되고 고쳐지지 않는다면 실수를 가장한 불성실 공시는 더 만연해질 게 분명하다.

앞서 언급한 문제들을 해결하기 위해서는 먼저 '재공시'에 대한 제도적·시스템적 보완이 필요하다. 현재 우리나라 공익법인은 언

정의기억연대의 반복된 재공시 사례

번호	구분	공익법인명	공익사업 유형	사업년도 종료년월	최종 공시일자	재공시일자	재공시 여부
1	표준서식	(재)일본군성노예제문제…	기타	2021-12	2022-04-29		
2	표준서식	(재)일본군성노예제문제…	기타	2020-12	2021-04-30	2021-08-17	재공시
3	표준서식	(재)일본군성노예제문제…	기타	2019-12	2020-05-02	2020-10-09	재공시
4	표준서식	(재)일본군성노예제문제…	기타	2018-12	2019-04-29	2020-10-05	재공시
5	표준서식	(재)일본군성노예제문제…	기타	2017-12	2018-03-29	2020-08-30	재공시
6	표준서식	(재)일본군성노예제문제…	기타	2016-12	2017-04-12	2020-04-21	재공시

제든지 재공시를 할 수 있다. 실제로 정의기억연대는 2018~2019년 공시분에 대해서 2020년도에 모두 재공시했다. 즉 국세청이 수정 공시를 요구하는 기간이 지난 후에도 공익법인은 자유롭게 재공시할 수 있다.

하지만 더욱 큰 문제는 재공시에 대한 국세청 홈택스 화면의 안내방식이다. 기업의 경우 전자공시시스템(DART)에서 정정 공시를 할 경우, 정정 항목 및 정정 사유를 자세히 확인할 수 있게 되어 있다. 반면 공익법인의 재공시는 재공시 일자만 확인할 수 있을 뿐, 어떤 부분을 수정했는지 전혀 알 수 없다는 한계가 있다. 수정한 항목과 내용을 알 수 있다면, 불성실하게 공시를 하여 재공시를 한 것인지 혹은 단순 실수로 인해 재공시를 한 것인지를 어느 정도 가늠

할 수 있을 텐데 말이다.

따라서 재공시를 할 수 있는 기간이나 횟수를 정해 공익법인들이 책무성을 갖고 결산서류를 공시할 수 있도록 제도적 보완을 해야 한다. 아울러 공익법인이 재공시할 경우, 수정한 내용 및 수정한 사유를 모두 공개해 누구나 볼 수 있도록 국세청 홈택스의 시스템적인 면을 보완할 필요가 있다. 이것은 기부자들의 선의에 답하는 정부의 책임이기도 하다.

또한 공익법인 결산서류 공시를 국세청 홈택스에 등록하기 전, 이사회의 검토를 거치도록 해 책무성을 확보하는 것도 불성실 공시를 예방할 수 있는 방법 중 하나이다. 미국에서 가장 신뢰받는 비영리단체 평가기관 중 하나인 '채리티내비게이터' 역시 '국세청 공시 서류를 제출하기 전 그 사본을 이사회에 제공하는지 여부'를 비영리단체의 책무성을 평가하는 지표 항목으로 채택하고 있다. 또 '굿 거버넌스, 어떻게 할 것인가-효과적인 비영리 이사회 경영하기'의 저자 제임스 갤빈은 비영리단체 이사회의 10가지 기본책무 중 하나로 '자산을 보호하고 재무를 감독하는 것'을 언급했다. 그의 말처럼 이사회에서 공익법인 결산서류를 검토하는 것이 자신이 소속된 공익법인의 재무를 관리 감독하는 가장 쉬운 방법이 아닐까 생각해 본다.

매년 1만여 개 이상의 공익법인이 국세청에 결산서류를 공시하고 있다. 이들 모두 정부와 공공부문의 손길이 미처 닿지 못한 사각지대를 발굴하고 소외된 이들을 위해 공익사업을 펼치고 있다. 공익법인이 대중으로부터 다시 신뢰를 얻고 본래의 활동을 잘 수행할 수 있도록 제도와 시스템이 뒷받침해주기를 바란다. 정부의 적극행정은 비영리 분야의 투명성을 확보하는 데도 매우 중요한 역할을 할 수 있다.

‖데일리임팩트 2022.07.29.

10

외부 회계감사는
왜 필요할까

현행 제도상, 공익법인의 외부 회계감사는 직전 사업년도 총자산가액 100억 원 이상 또는 수입금액과 출연재산가액 합계액이 50억 원 이상 또는 출연재산가액이 20억 원 이상인 경우, 그리고 특정 주식을 5% 초과하여 출연하거나 취득한 경우 필수 의무사항이다. 물론 의무대상이 아니어도 자발적으로 외부 회계감사를 받는 것은 후원자들에게 단체의 회계 투명성을 증명하는 과정과 같다고 할 수 있다.

그렇다면, 외부 회계감사는 왜 필요할까? 공익법인의 외부회계감사는 법인의 회계가 투명하게 처리되고 있는지 외부에서 공정하게 감사하여 회계처리의 신뢰성을 높이고 기부자들이 잘못 기부하는 피해를 막기 위함에 그 의의가 있다. 내부감사를 통해서 법인의 전반적 활동이 재무제표로 수치화되기까지의 과정상 부정 오류가 있는지를 확인한다면, 외부 회계감사를 통해서는 그 적정성을 내부인이 아닌 외부인이 평가함으로써 회계 투명성을 높이고 신뢰성 있는 정보를 제공할 수 있다는 점에서 차이가 있다.

공익법인은 매년 국세청 홈택스에 결산서류를 공시해야 한다. 그리고 표준서식으로 공시하는 모든 공익법인들은 해당서식의 6번 항목에서 외부회계감사 여부를 표기하게 되어 있다. 표준서식의 6번 항목에 '여'를 체크한 법인들은 외부 회계감사 보고서를 홈택스에 업로드해야 하는데, 실제로 모든 법인들이 적절한 외부 회계감사 보고서를 업로드했을까.

아니었다. 공익법인의 투명성과 효율성을 평가하는 공익법인인 한국가이드스타의 분석에 따르면 2022년 결산서류 기준, 전체 1만 1,435개 법인 중 '외부 회계감사를 받았다'고 표기한 법인은 3,644곳(31.8%)이었고, 이 중 외부 회계감사 보고서에 적정의견을 받고 전문을 공시한 법인은 2,935곳으로 외부 회계감사를 받았다고 표

표준서식의 6번 항목

6. 세무확인과 회계감사

㊾ 복식부기 여부	[ ] 여 [ ] 부	㊿ 적용회계기준	
51 세무확인 여부	[ ] 여 [ ] 부	52 외부 회계감사 여부	[ ] 여 [ ] 부

기한 법인 중 80.5%에 불과했다. 물론 감사 결과 '의견거절'이나 '한정' 표명을 받아도, 외부 회계감사 보고서의 구성요건을 모두 갖추었다면 외부 회계감사 보고를 받았다고 말할 수 있기는 하다.

외부 회계감사 보고서를 잘못 공시한 법인도 많았다. 다음은 국세청 홈택스에 공시 된 자료 중 외부 회계감사 보고서가 잘못 공시된 사례들이다.

1. 외부 회계감사 보고서가 아닌 다른 자료(수지결산서, 세입세출보고서, 보조사업 정산보고서, 기부금품모집 및 사용에 대한 감사보고서 등)를 공시한 경우가 있었다.

2. 외부 회계감사 보고서의 구성요건 중 일부만 공시한 법인도 있었다. 외부 회계감사 보고서는 '독립된 감사인의 감사보고서', '재무제표(재무상태표, 운영성과표 등)', '재무제표에 대한 주석'이 필수로 구성되어 있어야 한다. 이 3개 구성요소 중 하나라도 누락되면 전문을 공시한 것으로 볼 수 없다.

3. 회계법인 소속이 아닌 공인회계사 개인이 작성한 보고서나 세무회계사무소에서 작성한 감사보고서도 있었다. 이러한 외부 회계감사 보고서도 적절한 형태가 아니다.

4. 감사반 인원이 충족되지 않은 경우도 있었다. 공인회계사감사반인 경우, 3인 이상으로 구성되어 감사가 실시되어야 하는데, 3인 미만일 경우 외부 회계감사의 요건을 갖추지 않았다고 할 수 있다.

외부 회계감사를 잘못 공시한 예

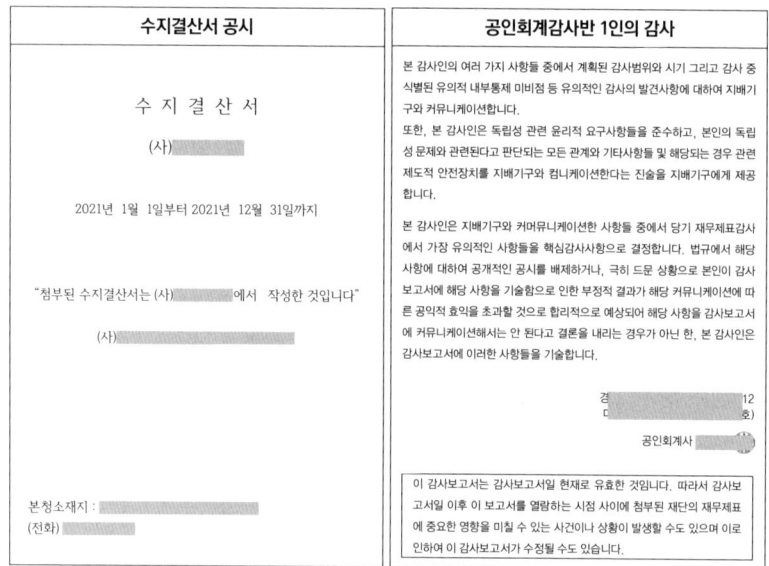

5. 공인회계감사반 또는 회계법인에서 실시(대표이사명 표기)한 것으로 증빙되지 않았거나, 회계법인 소속의 개인회계사가 감사한 보고서도 외부회계감사의 요건을 갖추었다고 할 수 없다. 실제로 세무회계사무소나 세무서에서 받은 감사보고서도 발견된다.

하지만 최근 3개년도 결산서류 내 외부 회계감사 보고서 전문을 확인해 보니, 긍정적인 변화도 있었다. 아래 <표>에서 처럼, 결산서류에 외부 회계감사를 받았다고 표기한 법인 수는 줄었지만, 실제로 적정 외부 회계감사를 공개한 법인의 수는 늘어났기 때문이

외부 회계감사 보고서 전문 확인 결과

	법인 수	결산서류상 외부 회계감사를 받았다고 표기 법인	적정 외부 회계감사 공개 법인 (한정, 세무확인서, 전문미공개 등 제외)	외부 회계감사 O 표기 법인 대비 적정 외감 전문을 공개 법인 비율
2022년 공시	11,435	3,644	2,935	80.5%
2021년 공시	11,057	4,356	2,520	57.9%
2020년 공시	10,514	4,089	1,951	47.7%

다. 즉, 외부 회계감사를 받지 않았지만 받았다고 거짓(혹은 실수) 표기 하는 법인의 수가 상당히 줄어든 것으로 해석할 수 있다. 결산서류 내 정보 정확성이 높아졌다고도 볼 수 있다.

특히 2022년 공시의 경우, 외부 회계감사를 받았다고 표기한 법인 중 '적정의견을 받았으며 외부 회계감사 보고서 전문을 공개한 법인'의 비율이 이전 대비 크게 증가하였다. 그 이유는 2022년부터 '외부 회계감사인'과 '감사의견'을 기입하도록 양식이 변경되었기 때문인 것으로 보인다. 외부회계감사를 받은 곳과 감사 의견에 대한 정보도 작성해야 하다 보니, 관련 된 정보의 정확성도 높아진 것으로 해석할 수 있다.

최근 들어 공익법인의 회계투명성 향상에 대한 사회적 요구가 높아지고 있고, 앞으로 공익법인의 투명성은 더욱 강조될 것이다. 투명성을 입증하고 신뢰를 보여줄 수 있는 수단 중 하나는 외부회

2022년 이전, 결산서류 표준서식 6번 항목 서식

6. 세무확인과 회계감사			
㊾ 복식부기 여부	[√] 여 [ ] 부	㊿ 적용회계기준	공익법인회계기준
(51) 세무확인 여부	[√] 여 [ ] 부	(52) 외부 회계감사 여부	[√] 여 [ ] 부

2022년, 결산서류 표준서식 6번 항목 서식

6. 세무확인과 회계감사			
㊾ 복식부기 여부	[√] 여 [ ] 부	㊿ 적용회계기준	공익법인회계기준
(51) 세무확인 여부	[√] 여 [ ] 부	(52) 외부 회계감사 여부	[√] 여 [ ] 부
(53) 외부 회계감사인	성운회계법인	(54) 외부 회계감사 의견	적정의견

계감사를 받는 것이다. 외부회계감사를 받는다는 것은 회계적 투명성을 확보하고, 공익법인의 건전성을 증명해내는 방법이기 때문이다. 이러한 이해를 바탕으로 앞으로 많은 공익법인들은 외부 회계감사 보고서를 첨부함에 있어, 그 형태만 갖출 것이 아니라 감사의견, 재무제표, 주석 등을 모두 포함한 온전한 감사보고서를 공시하는 데 노력해야 할 것이다.

‖데일리임팩트 2023.03.08.

11

공익법인의
「투명성 리포트」를 제안한다

공익법인이 본래의 의도와는 달리 운영되어 불특정의 국민들에게까지 피해를 끼친 사례는 너무도 빈발하고 있다. 조국 전 장관 가족이 운영했던 웅동학원도 공익법인이었다. 기부금을 받아 가로챈 의혹을 받고 있는 장자연 사건의 자칭 고발자 윤지오가 만든 지상의 빛이라는 단체도 공익을 표방했다. 조금 더 거슬러 올라가면 듣기만 해도 치가 떨리는 새희망씨앗 사건이나 어금니아빠도 공익법인, 기부금과 연관돼 있다.

공익법인을 둘러싼 스캔들을 막을 수는 없을까. 충분히 가능하다. 국민들이 느끼는 분노의 몇 분의 일이라도 예방과 대책에 쏟는다면 공익법인의 순기능을 살려 공동체가 발전하는 방안을 마련할 수 있다. 기부자들의 자부심도 살리고 시민운동가들의 명예도 드

높일 수 있다.

  우선 제도적 보완책이다. 공익법인은 대개 정부로부터 받는 보조금이나 시민들로부터 받는 기부금으로 운영되고 있다. 활동가들은 정의, 평화, 복지, 평등과도 같은 좋은 의미를 내세워 보조금을 받고 기부금을 모금한다. 처음에는 취지에 따라 열심히 하는데 어느새 그 돈에 주인이 없어진다. 돈을 준 정부나 기부자들은 활동가들을 신뢰하고 어디에 어떻게 쓰이는지를 보지 않게 된다. 눈먼 돈이 생기니 공익법인의 운영자인 활동가들은 마음이 변한다.

  이 유혹에 넘어가는 것은 인간의 본성이다. 여기에 제도적 견제의 필요성이 생긴다. 제도는 규제와 다르다. 유혹의 뿌리를 잘라낼 수 있다면 활동가들은 영웅이 되고 공동체는 생기를 얻게 된다. 그렇지 못하면 활동가들은 타락하게 되고 공동체는 분노하고 분열된다.

  기부금이나 보조금 모두 세금이나 마찬가지다. 기부금은 좋은 곳에 쓰라고 정부가 가져가야 할 세금을 민간에 유보시켜 준 것이다. 기부금에 세금 감면이란 혜택을 주는 이유다. 지난해 15조 원가량의 기부금이 걷혔는데 이는 평균 세율 15%로 가정하면 2조 원 이상의 세금을 정부가 가져가지 않고 민간에 넘겨준 것이다. 따라서 기부금이 본래의 취지로 제대로 쓰였냐를 감시하는 것은 기부자의 권리이기도 하지만 조세 정의를 실현해야 하는 정부의 의무이기도 하다. 따라서 기부금이나 보조금으로 사업을 영위하는 단체는 외부회계감사를 의무화시켜야 한다.

현재 자산 100억 원, 수익 50억 원, 기부금 20억 원 이상으로 돼 있는 외부회계감사 의무대상은 전면적으로 확대되어야 한다. 정의기억연대의 경우 스스로 감사를 받아 한 줌의 의혹도 없이 투명하게 운영해 왔다고 기자회견에서 밝혔다. 그러나 그것은 내부 감사를 의미하는 것이었다. 외부의 전문 회계법인으로부터 꾸준히 감사를 받아 보조금이나 기부금을 투명하게 관리해 왔더라면 위안부 할머니들의 아픔을 기리는 정의기억연대나 윤미향 대표의 활동이 이렇게까지 망가지지는 않았을 것인데 정말 안타깝기 그지없다. 제도적 미비가 한 개인을 나락으로 떨어뜨리는 것은 물론이고 그 단체가 표방해 온 숭고한 가치까지 폄하되게 만들었다.

제도적 장치 못지않게 중요한 것은 기부자들의 자기 권리 찾기다. 분노하고 궐기하는 것만이 기부자들의 할 일은 아니다. 이번의 정의기억연대도 그 투명성을 기부자들은 쉽게 확인할 수 있었다. 한국가이드스타의 홈페이지에 들어와 NPO 검색 메뉴를 찾아 클릭 몇 번만 했다면 외부감사를 받지 않은 단체라는 것을 쉽게 확인할 수 있다. 개인 기부자들은 본성적으로 따뜻한 반면 치밀하지는 못하다. 그러나 법인 기부자들은 이렇게 해서는 안 된다. 기업에 소홀함과 게으름은 배임이나 마찬가지다. 모금단체의 투명성은 따져야 한다. 차제에 정부의 보조금이나 기업의 기부금 지출 시 공익법인의 투명성을 짚고 넘어가도록 의무화할 것을 제안한다. 외부감사의 이행은 기본이고 모금비용과 사업비용의 비율, 사회적 물의와 돈으로 환산할 수 없는 가치를 점검해 보조금과 기부금의 산정, 지출에 필수적 사항으로 산입되도록 하자. 기업의 신용평가 보고서와 같은 투명성 리포트 같은 것을 공익법인에 도입해 줄 것을 제안한다. 이것은 강제할 것이 아니라 문화로 정착돼야 우리 사회의 기부문화도 업그레이드될 것이고 공익법인의 순기능이 최대한 발현돼 공동체가 발전할 수 있을 것이다.

회계 투명성은 진영의 논리가 아니다. 운동가들이 본래의 목적을 달성하기 위한 최소한의 기본이다. 결과적으로 국민들도 투명성 리포트를 참고해 기부를 할지말지 결정하게 된다면 건전한 모금단체와 그렇지 못한 사이비 단체가 시장에서 자연스레 걸러지고 문화로 정착될 수 있을 것이다.

12

기부금 투명성 제고 요구에
정부가 화답하다

유엔난민기구(UNHCR)에 따르면 유엔난민기구에 기부한 한국의 전체 기부액(정부 및 개인기부금 모두 포함)은 2017년 기준 세계 17위다. 또한 국제자선단체인 영국자선지원재단(CAF)이 발표한 '세계기부지수 2018(CAF World Giving Index 2018)'에 따르면 우리나라의 기부참여지수는 34%로 146개 조사 대상국 중 60위를 차지해 경제 규모 10위권의 나라에 걸맞지 않은 위치다.

기부참여자수뿐만 아니라 기부금 규모 또한 선진국에 비해 많이 뒤처진다. 지난해 국세청에서 발표한 우리나라 기부금 규모는 2017년 기준 약 13조 원 가량이다. GNP 대비 0.8% 규모를 유지하고 있으며, 이것은 미국의 2%에 비해 절반도 안 되는 수치이다. 원조받던 나라에서 주는 나라로 역할이 바뀐 지 2019년에 10년이 되

세계기부지수(CAF, 2018)

	CAF 세계기부지수 순위		CAF 세계기부지수 점수(%)	낯선 사람 돕기 점수 (%)	현금기부 경험 점수 (%)	자원봉사 시간 점수 (%)
인도네시아	1	▲1	59	46	78	53
호주	2	▲4	59	56	71	40
뉴질랜드	3	▲1	58	66	68	40
미국	4	▲1	58	72	61	39
아일랜드	5	▲3	56	64	64	40
영국	6	▲5	55	63	68	33
싱가포르	7	▲23	54	67	58	39
케냐	8	▼5	54	72	46	45
미얀마	9	▼8	54	40	88	34
바레인	10	new	53	74	53	33
네덜란드	11	▼1	51	52	66	37
아랍에미리트	12	▼3	51	68	62	23
노르웨이	13	▲7	50	54	65	32
아이티공화국	14	▲41	49	62	54	31
캐나다	15	▼8	49	57	56	33
나이지리아	16	▲12	48	71	36	37
아이슬란드	17	▼2	48	50	65	27
몰타	18	▼5	47	53	64	25
라이베리아	19	▼5	47	80	14	47
시에라리온	20	▼6	47	80	23	37

었지만 명실상부한 기부 선진국이라고 말하기엔 부족해 보인다.

그렇다면 기부 선진국이 되려면 가장 필요한 것은 무엇일까.

공익법인 투명성의 시작은 기부단체 및 기부금 사용처 등의 정확한 정보 공개이며, 공시제도는 공익법인의 투명성과 책무성을 보여 줄 수 있는 중요한 자료이다. 또한 공익법인 정보 공개는 기부자들의 알 권리를 강화해 기부 활성화를 제고하는 데 가장 큰 역할을 한다.

필자가 몸담고 있는 한국가이드스타는 공익법인 정보 공개와 평가를 진행하며 공익법인들의 투명성을 강화하고 기부자들의 권리를 개선하는 데 앞장섰다. 정부도 최근 이러한 추세에 따라 투명성 제고를 위한 기부자들의 권리를 강화하고, 공익법인의 체계적인 관리를 위해 지난 7월 25일 「2019년 세법개정안」을 제정해 발표하였다.

정부는 공정경제와 과세형평 실현을 위해 공익법인의 공익성 및 투명성 제고에 중점을 뒀다. 특히 공익법인의 공익성 및 투명성 제고를 위해 지정·사후관리를 일원화하고, 공익성 검증 및 사후관리 내실화하는 등 기부 활성화를 도모하는 데 있다고 했다.

세법개정안 중 공익법인 제도 개선 내용을 살펴보면 첫째, 지정 기부금단체 추천 및 사후관리 검증을 국세청으로 일원화하였다. 세금과 관련하여 모든 기능을 총괄하는 국세청이 공익법인 컨트롤

타워 역할을 하게 되어 공익법인 관리를 체계적으로 하겠다는 정부의 의지가 보인다. 이어 공시내용이 부실한 기부금 단체에 대한 국세청의 요구 권한을 신설하였으며, 지정기부금단체 사후관리 강화를 위해 국세청장이 기부금 모금·지출 세부 내역 요구 시 제출해야 하는 근거를 마련하였다.

둘째, 공익법인 의무 공시 대상이 모든 공익법인으로 확대되어 기부자의 알 권리가 강화되었다. 기존에는 자산 5억 원 이상 또는 수입 3억 원 이상인 공익법인만이 공시 대상이었지만 앞으로 모든 공익법인은 재무·운영 내역을 담은 결산서류를 국세청에 의무적으로 제출·공시해야 한다. 2017년 기준 공익법인 수는 1만 6,851개로 이 중 9,216개인 55.6%만이 의무 공시 대상이었다. 절반의 공익법인이 기부금을 어떻게 사용하는지 알 수 없었지만 이제 확인할 수 있게 되었다.

셋째, 의무지출제도 적용대상을 확대하여 공익목적 사업을 성실하게 수행하지 않는 공익법인에 대한 철저한 관리를 예고했다. 의무지출제도란 수익자산의 일정 비율을 공익목적사업에 의무적으로 지출해야 하는 것을 말하는데 현재 주식을 5% 이상 보유한 성실공익법인만 적용하고 있다. 하지만 앞으로 자산 5억 원 이상 또는 수입금액 3억 원 이상인 공익법인까지 수익자산의 1%를 반드시 공익목적사업에 의무적으로 사용해야 한다. 기존의 110개에서 추가로 350여 개 공익법인이 적용을 받게 되어 공익목적사업을 충실하게 활동하지 않은 공익법인을 파악할 수 있게 되었다.

넷째, 공익법인 외부회계감사 대상을 확대하였다. 현재 자산 100억 원 이상인 공익법인에 한해 외부회계감사를 의무적으로 받아야 하지만 앞으로는 수입 50억 원 이상 또는 기부금 20억 원 이상의 공익법인도 의무적으로 외부회계감사를 받아야 한다. 외부회계감사 의무대상 공익법인은 기존 1,400여 개에서 2,000여 개로 확대되어 기부투명성 제고에 기여를 할 것으로 보인다.

이외에도 지정기부금단체 지정요건 강화 및 지정 취소사유 강화, 기부금 영수증 불성실 발급 가산세 인상, 공익법인 주기적 감사인 지정제도 및 회계 감리제도 도입 등 공정 경제 실현과 투명성 강화를 위한 정부의 노력이 엿보인다.

기부자 권리 강화에 대한 세계적인 추세와 기부금 투명성에 대한 국민의 요구에 정부가 드디어 팔을 걷어붙이고 나섰다. 이번 세법 개정으로 기부자들의 권리를 강화하고 공익법인의 투명성과 신뢰도를 끌어올려 기부문화 활성화에 도움이 되기를 기대해 본다.

‖인사이드비나 2019.08.05.

13

공익목적사업
수행비용 내역서

　우리나라의 기부문화는 1990년대 이후 본격적으로 활성화되었으며, 기부자의 수가 증가하면서 비영리단체들도 함께 성장해왔다. 우리 사회의 공익을 위해 노력하는 비영리단체들이 많음에도 불구하고, 지난 몇 년간 몇몇 기부금 단체의 투명성 논란이 잇따라 발생하면서 기부 포비아로 확산되는 것이 아니냐는 우려가 커지고 있다.

　2020년에는 정의기억연대가 수천만 원대의 기부금을 국세청 결산 공시에 누락하여 작성하고, 수혜 인원을 999명, 99명 등으로 기재하는 등의 불성실한 공시를 하여 시민들의 공분을 샀다. 그리고 2022년 초에는 김원웅 광복회장이 국가의 보조금 지원을 받고 운영한 카페에서 수익금을 횡령했다는 의혹이 제기되었는데, 주무부처인 국가보훈처의 특정감사 결과, 실제로 광복회는 국회 카페 운

한국 광복회

출처 : 광복회 홈페이지(www.kla815.or.kr)

영과 관련하여 부당한 자금운용을 한 것으로 확인되었고, 광복회관을 민간기업에 임의로 사용하게 하는 등의 비위가 드러났다. 광복회는 국가보훈처로부터 한 해 45억 원(사업년도 2021년 기준) 가량의 보조금을 받는 곳이다. 국가보훈처는 광복회가 이번 사건에서 국고보조금 관련 유용 사실은 없다고 발표했지만, 불투명한 공익법인에 매년 지속적으로 보조금을 전달했다는 사실은 부정할 수 없다.

이러한 부정적 사건들이 일부 개인이나 특정 단체의 문제임에도 불구하고, 신뢰를 기반으로 활동하는 비영리단체 전반에 대한 불신을 확산시키는 데 영향을 미치고 있어 비영리단체에 대한 기부자의 불신이 무관심으로까지 이어질 수 있다고 전문가들은 지적하고 있다.

이러한 상황에서, 2022년 4월 29일 제20대 대통령직인수위원회 정무사법행정분과는 국민들의 신뢰를 바탕으로 시민단체가 더욱 활성화될 수 있도록 기부금 단체 등 시민단체의 기부금 및 보조금 등에 대한 투명성 강화를 추진해 나갈 것이라고 밝혔다. 이를 위해 첫째, 기부금의 수입과 사업별 비목별 상세 지출내역을 기부통합관리시스템(1365기부포털)에 등록하고 공개하여 국민의 검증을 강화할 것이라고 했다. 둘째, 비영리민간단체의 투명성에 대한 국민적 눈높이를 맞추기 위해 현재 운영 중인 비영리민간단체 관리정보시스템(NPAS)을 고도화하여 보조금의 심사와 집행 과정 전반의 투명성을 높이겠다고 하였다. 국가 차원에서 비영리단체의 모니터링을 강화하겠다는 의지를 밝힌 것은 고무적인 일이다. 이를 통해 기부금과 보조금을 집행하는 비영리단체들도 더욱 책임감을 느끼고 사업을 수행할 것이라고 생각한다.

하지만 인수위가 밝힌 비영리단체에 대한 모니터링의 범위가 '전체' 기부금 중 '일부'만 포함하고 있다는 점에서 다소 아쉬움이 남는다. 현재 「기부금품의모집및사용에관한법률」(이하 '기부금품법')에 따르면, '불특정 다수에게 1,000만 원 이상의 반대급부가 없는 기부금품을 모집'하는 경우 등록을 요구하는데, 이에 해당되어 등록된 기부금은 국세청에 신고되는 전체 기부금의 10% 미만의 수준이다. 다시 말해 정기적으로 기부하여 모금된 기부금이나 기업으로부터 받은 기부금은 국세청에만 신고되고 '기부통합관리시스템'에 등록하고 공개하지 않아도 된다는 의미이다. 결국, 우리나라 총기부금 중 90%는 기부금의 수입과 사업별 비목별 상세 지출 내역 모니터링에서 제외된다.

또한 비영리민간단체 관리정보시스템을 고도화하여 보조금의 심사와 집행과정의 투명성을 높이겠다고 하였는데, 이 역시 절반의 감시가 될 것으로 보인다. 비영리민간단체는 '비영리민간단체지원법'에 근거하여 설립된 단체인데, 이들은 주무관청의 허가가 아닌 등록 신청만 하면 된다. 우리가 들어봤음 직한 사단법인, 재단법인, 사회복지법인은 대부분 여기에 포함되지 않는다고 볼 수 있다. 즉 보조금을 받고 있음에도, 비영리민간단체 관리정보시스템에 등록되지 않은 대다수의 비영리단체는 모니터링에서 제외된다.

위에서 언급한 두 가지 문제를 해결하는 것은 의외로 간단하다. 현재의 국세청 결산 공시 서식 '기부금품 수입 및 지출 명세서'를 개정하여, 공익법인의 기부금과 보조금 수입 전체에 대한 시출 내역을 확인하는 것이다. 현재 법인세법상 비영리법인 중 상속세 및 증여세법 시행령 제12조의 공익사업을 영위하는 법인은 공익법인으로 규정하고 있는데, 종교법인을 제외한 모든 공익법인은 국세청에 결산서류를 공시해야 한다. 따라서 '기부금 수입 및 지출 명세서'를 '공익목적사업 사업수행비용 명세서'로 명칭을 개정하고, 서식 내 항목과 내용을 이에 맞게 변경한다면 기부금과 보조금의 쓰임새를 한 번에 확인할 수 있다.

아울러 공익법인의 사후관리를 위해, 국세청의 역할이 더욱 강조되어야 한다. 작년부터 공익법인 사후관리 강화를 위해 지정기부금 단체 지정 및 사후관리가 국세청으로 일원화되었다. 이와 더불어 공익중소법인지원팀이 발족되어 공익법인에 대한 검증과 지원을 전담하기 시작한 지도 벌써 1년이 지났다. 하지만 3만여 개 이상의 공익법인을 20명 남짓한 공익중소법인지원팀 직원들이 관리 감독하기에는 충분한 인력이라고 보기 힘들다. 따라서 공익중소법인지원팀의 인력을 확충하여 공익법인 검증창구로서의 역할을 잘 수행할 수 있도록 해야겠다.

국민의 소중한 '기부금'과 세금으로 지원하는 '보조금'이 목적과 취지대로 사용되어야 함은 당연하다. 그렇기 때문에 비영리단체들은 투명하게 회계관리를 해야 하고, 그 쓰임새도 투명하게 공개해야 한다. 건강한 기부환경 조성을 위해 비영리단체들의 자발적인 노력도 필요하지만, 국민들이 비영리단체들을 믿고 손쉽게 공익활동에 참여할 수 있도록 국가에서 제도적인 기반을 마련해 준다면, 그 제도가 마중물이 되어 우리나라 기부문화를 활성화하는 데 큰 역할을 할 것으로 기대해 본다.

14

기부자들의
착한 마음을 열려면…

 몇 년 전 강원지역에서 초대형 산불이 발생해 피해 주민들을 위해 아이유, 이병헌, 한국수력원자력 등 연예계와 기업들의 기부 활동이 줄을 이었다. 이러한 기부행위로 개인이나 기업은 법에 따라 세금을 면제받거나 환급받을 수 있다. 물론 기부라는 것은 선의로 나보다 어려운 사람을 돕는 것이기도 하지만 그에 따른 세금감면 혜택이 있기 때문에 많은 개인과 기업은 기부를 하고 있다.

 기부와 세금은 필시 국가와 사회를 위해 공적으로 좋은 일을 위해 쓰는 돈이라는 것은 같지만 이왕이면 세금을 내는 것보다는 기부를 하고자 하는 사람이 많을 것이다. 선의를 바탕으로 자율적으로 운용하는 기부와 달리, 세금은 법과 제도 아래서 운용되며, 기부는 어떠한 사람을 도울지를 내가 결정하고, 내가 낸 돈이 어디에 어떻

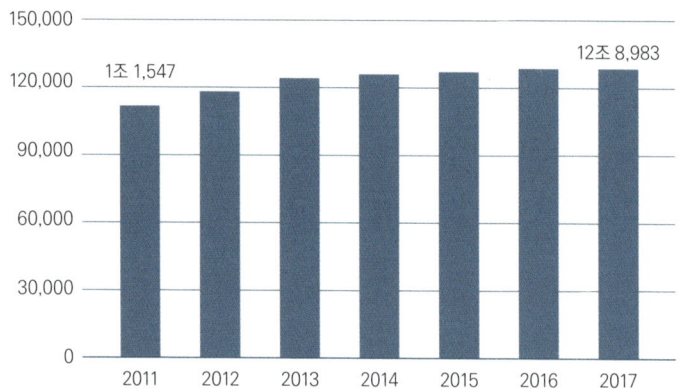

게 쓰였는지 확인을 할 수 있는 반면 세금은 그렇지 않기 때문이다.

국세통계연보에 따르면 2017년 우리나라 기부금은 약 13조 원 가량이다. 이는 법인·소득세율 15%를 기준으로 계산해 보면 년 간 약 2조 원의 세금을 거두지 않고 민간에 유보시킨 것과 같은 효과다. 국가가 더 거둘 수 있는 세금을 공익목적으로 사용한다는 이유로 징수하지 않은 것이기 때문에 기부문화의 투명성은 반드시 확보되어야 한다. 그것이 세금을 정상적으로 납부한 납세자를 위한 조세 정의에 부합하는 것이다.

그렇다면 기부 투명성은 어떻게 확보할 수 있을까.

한국보건사회연구원의 조사에 따르면 우리나라 국민이 기부를 하지 않는 이유는 '기부금 사용처가 투명하지 않아서'라는 응답이 60.7%로 1위였다. 기부를 한 사람조차도 61.7%가 제대로 썼는지 알 수 없다고 답했다. 최근 잇따라 터진 새희망씨앗, 어금니아빠 사건 등 기부문화 투명성을 훼손하는 기부사기 사건은 순수한 마음으로 어려운 이웃을 돕고자 하는 선의의 기부자들의 마음을 더 얼어붙게 만들었다.

기부문화 회복을 위해 한국가이드스타는 지난 6년간 공익법인 투명성 및 효율성 평가를 진행하며 공익법인들의 투명성을 강화하고 기부자들의 권리를 개선하는 데 앞장섰다. 정부도 공익법인 투명성을 확대하기 위한 방안으로 공익법인회계기준 제정, 공익위원회 설립 추진 등 다양한 개선 방안을 내놓으며 힘을 보탰다. 몇 해 전에 비해 상당히 체계화되고 긍정적으로 개선되었지만, 아직 관련 제도 보완이 더 필요한 부분이 있다.

첫 번째로 의무공시 공익법인 대상을 확대해야 한다. 국세청 국세통계 자료에 따르면, 2017년 공익법인 수는 종교단체를 제외하고 1만 6,581개다. 그러나 공익법인 의무공시 대상 기준은 자산 5억 원 이상 또는 수입 3억 원 이상인 법인으로 사업년도 2017년 기준 9,216개이다. 이는 전체 공익법인 대비 55.6%다. 좋은 일은 한다는 이유로 기부금 또는 보조금을 받지만 공시를 하지 않는 법인이 45%나 된다. 이는 기부자들의 알권리를 '구식' 제도가 가로막고 있는 것이다.

　기부자가 모든 공익법인 및 지정기부금 단체의 정보를 확인할 수 있도록 공익법인 전면공시를 하는 것이 필요하다. 또한 국세청 공익법인 결산서류 등의 자료 사본을 모든 공익법인 홈페이지에 공개하도록 하여 일반 국민들의 공익법인 정보 접근성을 강화하여 기부사기를 당하는 기부자가 없어야 할 것이다.

　두 번째로 공익법인의 의무 외부회계감사 기준을 강화해야 한다. 현재 외부 회계감사를 반드시 받아야 하는 기준은 자산 100억 원 이상의 공익법인(상속세 및 증여세법 제50조 제③항)이다. 이는 보조금 및 기부금 수입이 주 수입원인 공익법인의 기준으로 적합하지 않다. 특히 공익법인의 기부금 수입은 일반적으로 당해연도에 지출해야 하므로 자산의 증가가 이루어지지 않는데, 현재의 자산 기준은 맞지 않는다는 의견이 많다.

　기부 선진국인 미국은 주 정부마다 의무 외부회계감사 실시 대상 공익법인 기준이 다르지만 기본적으로 연간 총수입, 지원금 수입 기준을 따르고 있다. 캘리포니아주, 뉴욕주, 워싱턴 주 등에서는 연간 총수입 기준을 적용하고 있으며, 플로리다주, 펜실베이니아주 등에서는 연간 지원금 수입 기준을 적용하고 있다. 따라서 우리나라도 주요 선진국들의 기준을 벤치마킹하여 현행 자산 기준에 수입 기준을 추가하여 현실에 맞게 변경해야 할 것으로 보인다.

더 나은 미래를 위해 공익법인들이 관련법을 제대로 이해하고 준수해야 하는 것은 물론이고 정부는 공익법인들의 법 준수 여부를 제대로 감독하고 제도 개선을 위해 노력해야 한다. 또한 기부자들은 인정에 호소하는 '빈곤포르노(Poverty Pornography)' 모금광고만을 보고 기부하는 것을 지양하고 한국가이드스타나 국세청의 정보를 통해 기부단체의 투명성과 효율성을 비교 판단하여 현명하게 기부하는 인식의 제고가 필요하다.

최근 우리나라 공익분야는 제도가 빠르게 변화하고 있다. 혼란스럽고 어렵겠지만 정부, 회계 및 세무 전문가 그리고 공익법인 스스로가 변화를 위해 노력한다면 우리나라 공익분야가 선진국형 문화로 꽃피는 데 그리 오랜 시간이 걸리지 않을 것이라 확신한다.

∥이코노믹리뷰 2019.05.16.

내 기부금,
어떻게 쓰이는지 아시나요

제3장

선한 영향력의 완결판,
'기부 선진국으로'

01

행복도 검증되나요

입사지원서를 작성할 때면 반드시 '지원동기'를 작성한다. 내가 왜 이 분야에서 일해야 하는지, 그리고 왜 이 회사여야 하는지 설명하는 항목이다. 설득력 있는 스토리텔링이 채용을 결정한다. 하지만 일부 취업준비생들에게는 몹시 스트레스를 받는 항목이기도 하다. 회사는 돈을 벌기 위한 수단일 뿐인데, 이유와 목적을 찾으라고 하니 말이다.

하지만 돈을 쓰는 경우는 다르다. 소비할 때는 필요성과 욕구가 분명히 있다. 나의 시간과 노력을 들여 번 돈이라면 특히 허투루 쓰고 싶지 않은 게 당연하다. 그렇다면 기부의 경우는 어떠할까. 2021년 통계청 '사회조사'에 따르면 기부하는 이유 중 1순위는 '남을 돕는 것이 행복하므로'라고 28.7%가 응답했다. 나와 직접적인 관계가 없더라도 '공감'할 수 있는 사연이기에 사람들은 공익법인에 후원한다. 기부금을 유용한 새희망씨앗과 정의연 사태에도 그랬다. 불우아동과 할머니의 상황에 공감했지만, 공익법인이면 반드시 투명하고 책임감 있게 사용할 것이라는 개개인의 막연한 믿음은 오히려 칼날이 되었다. 국민들은 모든 자선 단체를 의심했고, 성실하게 운영해왔던 곳들도 해명의 시간을 거쳐야 했다. 행복이라는 두루뭉술한 아름다운 가치도 검증과 의심이 필요한 시대가 된 것이다.

흔들림 없이 기부하는 사람들은 경험에 비춘 명확한 신념이 있다. 즉, 기부할 때 자신의 삶과 가족의 이야기를 담는다. 배우 이영애는 지난 우크라이나 전쟁 때 대사관에 1억 원을 전달하면서 전쟁이 시급히 종료되길 기원했다. 참전용사의 가족으로서 그 참혹함을 누구보다 잘 알고 있었기 때문이다. 가수 임영웅의 한 팬 모임은 임영웅 씨가 어린 시절 어머님 아래서 성장했다는 것을 알고 있었다. 아이들이 그처럼 꿈을 이루며 자랄 수 있도록 미혼모시설과 한부모 가정에게 기부금을 더했다. 우아한형제들 김봉진 대표는 배달의민족의 앱을 운영하면서 외식업자의 삶을 가까이에서 접했다. 그들의 자녀에게 20억 원의 장학금을 지원하는 것도 설득력 있는 스토리텔링이다.

또한 기부가 만들어 낸 변화를 직간접적으로 체험한 수혜자와 봉사자는 로열티 높은 잠재기부자이다. 학교법인에서는 장학 수혜자가 기부자로 참여할 수 있도록 캠페인을 장려하고 있고, 성공한 기업가들뿐만 아니라 취업에 막 성공한 청년들이 학교로 찾아온 이야기들을 종종 볼 수 있다. 봉사자의 경우도 마찬가지이다. 공익사업 현장에 있던 봉사자들의 경우 기부금의 쓰임을 눈으로 확인하고, 그 효과에 대해서 실감한다. 일본모금가협회가 진행한 사회조사(Japanese General Social Survey) 연구결과에 따르면 1만 3,892명의 응답자 기준 45.4%가 기부에 참여하였고, 기부자 중 43.8%가 자원봉사에 참여하였으며, 자원봉사자 중 75.6%가 기부에 참여한 것으로 보고하고 있다. 공익법인들이 참여형 봉사활동과 순환형 펀드레이징을 확장하고 있는 이유이다.

직접적인 경험 외에도 기부금을 검증하는 방법이 있다. 바로 공익법인의 제3자 평가 결과를 참조하는 것이다. 공익법인의 기부금은 공공성을 띠기에 조세 혜택을 받으며 주무관청, 국세청, 내외부 회계감사 등을 통해 제대로 잘 운영하고 있는지를 검증받는다. 또한 공익법인 민간 평가기관이 다양한 지표를 가지고 투명성과 책무성, 재무 효율성을 평가하고 있다. 이를 통해서 기부자는 공익법인 조직이 효과적으로 운영될 준비가 되어있는지, 그리고 기부금을 효율적으로 공익목적으로 사용하고 있는지 판단할 수 있다.

공시년도 2021년 기준 1만 1,057개의 공익법인 중 외부 회계감

우아한형제들 김범준 대표(가운데)와 사랑의열매 신혜영 본부장(왼쪽), 사단법인 점프 이의헌 대표가 서울 코엑스에서 '2022년 우아한 사장님 자녀 장학금' 수여식을 열고 기념촬영을 하고 있다.
출처 : 배달의민족

사를 받았다고 표기한 법인은 4,356개(39.4%)로 10곳 중 4곳은 외부회계감사를 받지 않은 것으로 추정된다. 외부 회계감사 외에도 민간 공익법인 평가기관인 한국가이드스타의 평가지표에 따르면 전체 공익법인 중 평가대상에 해당했지만, 공익목적사업비 0원, 법인별 적정 보유주식 초과, 평균 인건비가 최저임금 이하 등 문제의 소지가 있는 법인들은 총 1,839개(17%)였다. 즉 10개의 공익법인 중 2개의 공익법인은 공익법인으로서 존속 가능성이 의심되는 곳이라 할 수 있다.

이제 우리도 기부하기 전 다시 생각해볼 필요가 있다. 이력서를 쓸 때 회사에 대해서 공부하고 면접을 보는 것처럼, 기부자들 또한 자선단체에 대한 공부가 필수이다. 내가 왜 이 분야에 기부해야 하는지, 그리고 왜 이 단체여야 하는지 말이다. 1,000명의 후원자가 있다면 1,000개의 삶이 있다. 모든 기부에 스토리가 있는 이유이다. 자신의 삶을 뒤돌아보고 정리한다면 보다 더 단단한 기부자가 될 수 있을 것이다. 공익법인 또한 그들의 삶과 땀이 어린 기부금을 가치 있게 사용할 수 있도록 정기적인 회계감사와 외부평가를 통해 적극적으로 투명성과 책무성을 확보해야 한다. 현명한 기부자와 준비된 공익법인만이 대한민국의 기부문화를 다시금 활성화할 수 있다.

‖데일리임팩트 2022.06.27.

02

'경제'와 '문화' 아우르는
기부 선진국을 상상해 보라

2021년 5월 가수 겸 배우 아이유가 자신의 마지막 20대 생일을 맞아 5억 원을 기부했다. 6월에는 가수 임영웅의 생일을 기해 그의 팬클럽 <영웅시대>가 릴레이 기부를 펼쳤다. 그런가 하면 MBC의 예능프로그램 <놀면 뭐 하니>에서는 '환불원정대', '싹쓰리'의 음원 수익 약 17억 원을 모두 기부하기도 했다.

   기업에 사회적 책임을 나짐받는 ESG(환경, 사회, 지배구조)의 바람이 불어오듯 셀럽들의 선한 영향력을 사회문제 해결에 활용하는 '팬덤 기부'의 바람 역시 강하게 불고 있다. 사회복지공동모금회에 따르면 2020년 한 해 동안 팬덤 기부의 사례는 언론에 보도된 것만 최소 23건에 달했다고 한다. 이제 셀럽들의 기부활동은 재미와 즐거움을 넘어 사회를 바꾸는 시민운동으로 스타와 팬을 공생

<놀면 뭐하니?> 기부내역

기부총액 17억 1,000만 원

기부처	금액	기부 내용
안나의 집	2억 원	취약계층 노숙인 무료급식 지원
한국소아암재단	2억 원	소아암 백혈병 환아 지원
사랑의여매	2억 원	저소득가정 결식아동 지원
초록우산 어린이재단	2억 원	소외계층 아동 지원
세이브더칠드런	2억 원	학대피해 아동 회복 지원
밀알복지재단	2억 원	아동청소년 악기, 음악 교육비 지원
동방사회복지회	2억 원	입양 대기 아동, 두리모 가정 지원
지파운데이션	1억 원	여성용품 지원
함께하는 사랑밭	1억 원	두리모 가정 지원
밥상공동체 연탄은행	9,000만 원	연탄 실물 지원
대한탁구협회	2,000만 원	유소년 탁구선수 지원(신유빈 선수 출연분 기부)

자료 : MBC 문화방송

의 파트너로 맺어주고 있다. 사회적 갈등과 충돌이 극심한 우리나라에서 셀럽들의 기부활동은 우리 사회의 지속가능성을 높이는 데 기여할 것으로 기대된다.

셀럽들의 기부는 비영리공익법인(NPO)의 사업과 연계되어 빛을 발한다. 아이유의 기부금은 희귀질환 아동 및 한부모 가정, 홀몸 노인들을 돌보고 있는 6개의 NPO에 배정됐다. 영웅시대는 임영웅의 출생지인 포천의 보육시설, 한부모 가정에서 자라는 어린이를 응원하기 위한 성금을 기부처로 보냈다. MBC의 <놀면 뭐 하니> 팀에서도 총 10개의 공익법인에 각 1억 원 이상의 금액을 기부했다.

그런데 아이유로부터 기부금을 받은 단체 중 한 곳은 고용직원 수가 0명, 인건비 역시 0원으로 공시되었다. 직원도 없이 1억 원이 넘는 기부금을 운용하겠다는 얘기다. 영웅시대의 기부금 수령 단체 중 한 곳은 자동이체 및 산하기관에 기부금품 전액을 소진하기도 했다. 공익법인은 기부금품 사용내역에 대해 지급처, 지출목적, 수혜 인원 및 금액을 성실하게 작성해야 한다. 그뿐만 아니라 2,000만 원 이상의 후원금에 대해서는 기부자 명단을 작성해야 한다. MBC <놀면 뭐 하니>의 기부금을 받은 곳 중 여러 개의 법인은 출연자 명단을 작성하지 않았고 MBC의 후원 역시 표기되지 못했다. 외부회계감사를 받지 않은 곳도 많았다. 2020년에 정의기억연대도 기부자 명단 누락, 수혜 인원의 편의적 작성 등의 지적을 받았는데 이는 신뢰도 하락으로 이어졌다. 이로 인해 우리 사회는 큰 비용을 치렀고 그 후유증은 지금도 계속되고 있다.

셀럽들의 기부가 특정 공익법인의 사업수행비용으로만 쓰인다면 그 취지가 너무나 제한적이고 아쉽다. 이들의 선한 영향력으로 비영리 분야 공통의 과제까지 해결되게 할 수는 없을까. 충분히 가능하다. 셀럽들이 기부의 대상인 NPO를 선정할 때 이들의 사업내용에 더해 투명성이 어느 정도인지 점검하고 기준으로 삼아준다면 비영리 분야 전체가 바뀔 수 있다. 공익법인들의 기부금 유용이나 투명성 결여가 우리 국민들이 기부를 망설이게 하는 가장 큰 요인이라는 조사결과도 많다. 셀럽들의 기부로 비영리 분야의 투명성이 제고된다면 이는 우리나라의 기부문화를 바꾸고 우리를 기부 선진국으로 이끄는, 선한 영향력의 완결판을 만들어 낼 수도 있겠다.

ESG가 트렌드로 정착한 기업의 세계에서도 기부의 투명성은 중요하다. 특히 S(사회적 책임)의 구현에 있어서 사업 수행의 파트너인 NPO와 투명성을 매개로 파트너십을 형성한다면 그 가치가 더 빛날 수 있다. 맑은 하늘에 별빛이 더 빛나 보이는 것과 같은 이치다. 이런 의미에서 본다면 기업재단은 투명성의 사각지대다.

공정거래위원회에서 2018년에 발표한 대기업 소속 공익법인 165개 중 단 3곳만이 한국가이드스타의 투명성 평가를 받았다. 내 돈으로 기부했기에 내 맘대로 쏠 수 있다는 생각이 평가 배제의 배경이다. 그러나 생각해보면 기업은 공익법인에 기부하면서 비과세의 혜택을 받는다. 결국 출연금이나 기부금은 국가의 혜택을 받은 공공의 자산이라고 할 수 있다. 당연히 투명성 검증을 받아야 한다. 이것이 조세 정의에 부합한다. 더욱이 기업재단은 오너가 직접 이사장을 겸임하는 경우가 많기에 투명성에 대한 더욱 각별한 관심을 요한다. 어렵지도 않다. 법에 명시된 대로 공시하고 외부회계법인의 감사를 받은 다음 객관적인 제3의 기관에 의뢰해 투명성 평가를 받으면 된다. 이 단순한 과정을 생략하면서 우리 사회는 너무나 큰 갈등을 빚었고 많은 비용을 치러야만 했다. 기업도 예외일 수 없었다. 투명성이 결여된 미르, K스포츠 재단에 대한 기부행위로 기업 회장들이 얼마나 큰 시련을 겪었나.

2020년 작고한 고(故) 이건희 삼성 회장은 생전에 '기업2류, 행정3류, 정치4류'의 발언을 남겼다. 그는 고초를 겪었지만 국민들은 십분 공감했다. 그런데 K팝, K무비로 대표되는 대중문화가 어느새 세계 정상에 올라 기업과 함께 한국을 선진국으로 견인하고 있다. 기업에 ESG가 있다면 셀럽에게는 선한 영향력이 있다. 이들이 노력한다면 세계 81위인 한국의 기부 수준은 경제 수준인 10위권으로 성큼 올라갈 수 있다. 그 핵심은 투명성의 확보이고 해법은 이미 알려져 있다. 경제와 문화를 아우르는 기부 선진국으로 한국의 모습을 상상만 해도 흐뭇하다.

∥이투데이 2021.07.10.

03

기업 기부금 제도를
ESG의 관점에서 재정립하면 어떨까

국세청 홈택스를 통해 5대 그룹 주력 5개 기업(삼성전자, 현대자동차, LG생활건강, SK텔레콤, 롯데쇼핑)의 기부금을 추정해 봤다. 이들 5개 기업의 추정 기부금은 3,425억 원, 이 중 기부금 투명성 검증의 3단계로 불리는 공시-감사-평가를 모두 거친 규모는 149억 원으로 전체의 4%에 불과했다. 나머지 96%가 투명하지 않다고 단정 지을 수는 없다. 다만 대기업들이 기부금 지출의 투명성에 관해서 스스로의 기준을 갖추고 있지 않거나 무관심하다는 결론은 내릴 수 있다.

 기업 사회공헌의 한 축인 기업재단도 투명성의 사각지대다. 앞서 언급된 5개 기업은 소속 그룹과 특수한 관계의 기업재단에 총 기부금의 40% 정도를 기부했다. 그런데 공정거래위원회가 2018

년에 발표한 대기업 소속 공익법인 165개 중 단 세 곳만이 공시-감사-평가의 3단계를 완료해 투명성 검증을 받았다. 내 돈으로 기부했기에 내 맘대로 쓸 수 있다는 생각이 그 배경이다.

그러나 생각해보면 기업은 공익법인에 기부하면서 비과세의 혜택을 받는다. 2019년 추정 기부금 8조 원에 평균세율 15%를 적용하면 1조 2,000억 원에 이르는 돈이 세금으로 걷히지 않고 좋은 곳에 쓰라고 민간에 유보된 셈이다. 결국 출연금이나 기부금은 국가의 혜택을 받은 공공의 자산이지 개인이나 기업이 제멋대로 쓸 수 있는 돈은 아니다. 정부는 이 돈의 쓰임새를 검증해야 하고 이것이 국가경영 원칙의 하나인 조세 정의에 부합한다. 더욱이 확산되고 있는 기업의 ESG 경영에서 사회적 가치의 창출은 투명성을 전제로 하기에 그 필요성이 더 하다고 할 수 있다.

대기업의 오너나 최고경영자가 횡령이나 분식에 연루되어 사법처벌을 받은 경우가 많다. 그래서 이를 방지하기 위해 사내·외로 이중, 삼중의 장치를 한다. 독립된 감사위원회를 두고 사외이사의 비율을 상향 조정하며 감사지정인제를 도입하고 특수관계자들 간의 거래를 제한한다.

그런데 기부를 잘하지 못해 곤욕을 치른 경우도 많다. 미르재단, K스포츠 재단이 비근한 사례다. 이게 화근이 되어 삼성전자는 ESG 평가의 한 지표인 「2018 MSCI 코리아 리더스 지수」에서 제외되기도 했다. 그런데도 대기업은 기부에 대해서는 제도적 제한과 기준이 거의 없다. 이 틈새를 사이비 공익법인이 파고든다. 묻지마 성금, 깜깜이 기부가 권력을 끼고, 정실에 따라 성행하는 이유다. 기업 사회공헌의 본령인 사회와의 접점은 엷어지고 사업과의 연결만 두터워진다. 기업의 선한 뜻으로 집행된 기부금이 회사를 위기로 몰고 공동체를 좀먹는다. 기업은 지탄을 받고 사회는 병들어 간다.

기업의 기부의사결정이 이래서는 안 된다. 정의기억연대 같은 단체도 한국가이드스타의 홈페이지에 들어가 클릭 몇 번만 했으면 외부감사를 받은 적이 없다는 것을 쉽게 확인할 수 있었다. 나눔의 집은 아예 공시 자체가 없었다. 그런데도 기업은 거액의 기부를 했다. 개인이야 몰랐다 치고 넘어가면 그만이지만 주주나 투자자, 지역사회와 임직원 등 이해관계자가 있는 기업은 누구에게 책임을 떠넘길 수도 없다.

기업의 지속가능성을 담보하는 ESG 경영에 기업 기부금 집행의 기준이 도입되어야 한다. 그래서 ESG의 평가과정에서 기부금 지출의 투명성이 반드시 검증되도록 의무화할 것을 제안한다. 외부감사의 이행은 물론이고 모금비용과 사업비용의 비율, 사회적 물의와 사회적 가치를 계량해 기부금 지출의 평가에 필수적 사항으로 산입되도록 하자. 회계감사 과정에서 기업이 기부금 집행에 어떤 기준으로 임했는지를 검토해 지속가능보고서나 ESG 평가에 포함시켜야 한다. 이는 기업뿐 아니라 이해관계자, 나아가 공동체의 발전에도 기여할 수 있다.

대기업 이사회에 설치된 ESG위원회는 기부금을 받는 기업재단은 같은 계열이라도 공시-감사-평가의 세 단계를 거쳤는지 심의하는 것이 필요하다. 기업재단이 부당내부거래나 경영권 승계의 편법적 도구라는 일부의 의혹을 불식시키는 것도 ESG 경영의 성과로 도출할 수 있기 때문이다. 또한 기업의 신용평가보고서와 같은 투명성 리포트 같은 것을 공익법인에 도입해 줄 것을 제안한다. 이는 기부자의 권리를 기업이 되찾는 길이기도 하고 비리로 점철된 우리나라의 기부문화를 바르게 정립하는 또 하나의 의미 깊은 사회공헌 사업이기도 하다. 제도는 문화로 완성된다. 기업이 기부금에 대한 제도를 ESG의 관점에서 재정립하고 문화로 실천하면 사회는 공동체로서 그 지속가능성을 확고히 높여갈 수 있을 것이다.

‖이투데이 2021.09.02.

04

'ESG'와 '혁신', 한국경제를 진정한 성공의 길로 이끌다

우리 경제의 미래를 가늠할 수 있는 두 개의 뉴스가 2021년 연초에 잇달아 도착했다. 하나는 신용평가사 무디스의 ESG(환경, 사회, 지배구조) 평가, 우리나라가 전체 5개 등급 가운데 최고인 1등급을 받았다. 또 하나는 미국의 경제 전문매체인 블룸버그가 발표한 「2021년 블룸버그 혁신지수」, 우리나라가 90.49점으로 세계 1위를 차지했다.

  기업의 사회적 책임이 포함된 ESG의 영역과 효율을 강조하는 혁신은 얼핏 보아 양립하지 못하고 충돌할 듯이 보인다. 우리나라 기업의 생태계에 대입하면 유한양행이 가장 혁신적인 기업이 되어 삼성전자 같은 성과를 만들어 내는 듯한 느낌이다. 그러나 이들이 조합이 되어 나타나면 더 이상 환상적일 수가 없다. 한국경제가 그 환상적인 조합을 만들어 내고 있다니 참으로 기적 같은 일이 아닐

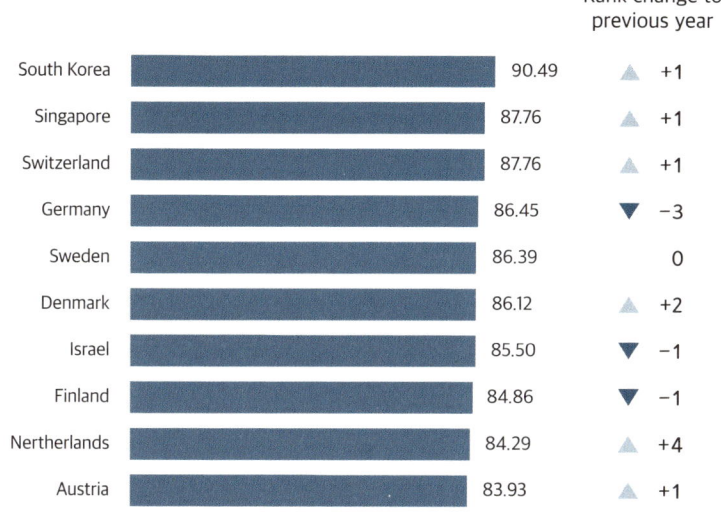

주 : Index scores for the most innovation economics worldwide(2021)
자료 : 스테티스타

수 없다.

　무디스가 2021년 1월 18일 발표한 ESG 평가보고서는 세계 144개국을 대상으로 이뤄졌다. ESG는 친환경, 사회적 책임, 지배구조 개선 등 국가나 기업 경영에서의 비재무적 요소를 뜻한다. 무디스 ESG 평가에서 1등급을 받은 나라는 한국을 비롯해 독일, 스웨덴, 스위스 등 11개다. 1등급은 ESG 수준이 국가신용등급 평가에 영향을 줄 정도로 높다는 의미다. 미국, 영국, 프랑스 등 30개국은 2등급, 중국, 러시아, 일본 등 38개국에는 다소 부정적인 3등급이 부여됐다. 우리나라는 특히 제도, 투명성 및 정보공개 등 G(지배구조)의

블룸버그 혁신지수 상위국가의 무디스 ESG 등급

블룸버그 혁신지수	순위	무디스 ESG평가 등급(1~5)
대한민국	1	1
싱가포르	2	1
스위스	3	1
독일	4	1
스웨덴	5	1
덴마크	6	1
이스라엘	7	3
핀란드	8	2
네덜란드	9	2
오스트리아	10	1
미국	11	2
일본	12	3

4개 항목 모두에서 1등급을 받았다.

「블룸버그 혁신지수」에서 우리나라가 1등을 한 것은 이번이 처음은 아니다. 블룸버그가 혁신지수를 내놓은 9년 중 7번째 1위다. 그렇다면 우리가 세계에서 정말로 가장 혁신적인 국가일까. 벤처 강국인 이스라엘(7위)이나 실리콘밸리가 있는 미국(11위)을 제치고 조사 대상 60개국 중 가장 점수가 높은 것이 사실일까. 그러나 R&D 집중도(2위), 제조업 부가가치(2위), 연구집중도(3위) 등 여러 기반 분야에서 우리나라는 높은 평가를 받았다. 독일처럼 제조업의 기반이 강한 데다 이스라엘처럼 R&D 투자가 많은 종합적인 결과가 우리나라를 혁신지수 1위로 끌어올렸다. 한 마디로 기업의 미래를 대비하는 방식이 우리를 차별적인 혁신의 국가로 만들어 낸 것이다.

우리나라 기업이 ESG와 혁신에서 2관왕의 영예를 누린 것은 창업주들의 기업관에 상당부분 기인하고 있다. 우리나라 기업인들은 일찍부터 기업을 사회적 공기(公器)로 인식했다. 그래서 이병철 회장은 나라가 잘되면 삼성은 없어도 좋다고까지 했다. 정주영 회장은 울산 현대중공업 담장과 지붕에 나라가 잘되는 것이 우리가 잘 되는 것이고 우리가 잘 되는 것이 나라가 잘되는 것이라고 큼직하게 써 붙였다. 최종현 회장이 운명 직전까지 집필에 매달렸던 저서는 『우리나라가 세계에서 가장 잘 사는 법』이었다. 그래서 김우중 회장은 아프리카 등 후발 개발도상국의 국가원수를 만나 "당신네 나라에 한국을 지어 주겠다"면서 나라를 통째로 수출해버릴 듯 경제외교를 펼쳤다.

기업의 사회적 책임도 같은 맥락으로 펼쳐졌다. 기업 이익의 사회 환원은 공익법인, 공동모금회, 자원봉사 등 다양한 형태로 펼쳐지고 이어졌다. 2020년 우리 경제가 마이너스 성장을 했음에도 사랑의 온도탑은 114.5도까지 치솟았다. 이 중 68%가 기업의 기부금이었다. 기부 선진국은 개인의 기부가 많다고 하지만 같은 맥락으로 보면 한국 기업들은 기부 선진국의 반열에 올라서 있는 셈이다.

결국 ESG라는 경영의 한 트렌드가 정립되기 이전부터 ESG가 표방하는 정신은 한국기업들에 상당부분 경영이념과 문화로 체화되고 녹여져 있었다. 여기에 함께 발현된 것이 혁신이었다. 시장이 좁아 규모의 경제가 작동되지 않기에 그들의 눈은 세계를 향했다. 미지의 세계에서 기존의 강자들을 밀어내려면 혁신이 필요했다. 그들과 경쟁해서 살아남을 수 있는 최고의 병기는 혁신이었다. 혁신의 결과로 탄생한 산업이 자동차, 전자, 석유화학, 철강 등 지금 대한민국을 먹여 살리는 산업군(産業群)이다. 사회적 책임을 다하면서 혁신의 성과를 응집시킨 것이 수출 규모 세계 7위, GDP 규모 세계 12위인 대한민국의 오늘이다.

1세대 기업인들의 기업가정신을 이어받아 혁신의 성과를 사회와 나누어 가지려는 2세대 경영인들의 발걸음은 한국경제의 미래를 밝혀주고 있다. 카카오의 김범수 이사회 의장은 자기 재산 10조 원의 절반을 사회문제 해결에 쓰겠다고 선언했다. 통상적 방식이 아닌 혁신적 개념으로 공동체를 건강하게 하는 데 접근하겠다고 해 갈채를 받았다. 재벌이 존경의 대상이 될 수도 있음이 그를 통해 입증될 수 있을 것 같다. 김봉진 배달의민족 창업자도 최고의 경험이자 유산이라며 자기 돈 5,500억 원을 기부하겠다고 했다. 유한양행의 창업자 유일한 회장은 "기업의 소유주는 사회다. 단지 그 관리를 내가 했을 뿐"이라고까지 했으니 IT 기업인들의 기부는 우리나라 기업 풍토에서 별난 것이 아니라 자생적으로 뿌리내린 것으로 볼 수 있다.

여기에 젊어진 전통 대기업의 경영자들도 그들의 기업관을 사회와 연결시키고 있다. 현대차의 정의선 회장은 취임사에서 세계 몇 위의 자동차 회사가 아니라 인류의 행복과 미래의 책임을 얘기했다. 대한상의 회장으로 취임한 최태원 SK 회장은 2004년에 이미 '행복 극대화'를 그룹의 경영이념으로 도입하고 지배구조 개선, 사업구조 개편 등을 이에 맞춰 추진했다. SK가 ESG 경영에서 대표 기업으로 인식되고 있는 것은 ESG가 있어서가 아니라 시대의 조류를 10년 이상 앞서 꿰뚫어 본 최고경영자의 예지이자 그 결과라고 해도 과언이 아닐 것이다.

우리 기업들이 만들어 내는 ESG와 혁신의 성과는 한국경제를 '진정한 성공'의 길로 이끌어 갈 수 있다. 따라서 연초에 날아온 두 개의 뉴스는 결코 우연이 아니며 따로 떼 놓고 생각할 수 없는 것들이다. 한국경제의 강점인 전통 대기업의 글로벌 경쟁력에 혁신의 성과를 사회와 나누어 가지려는 신세대의 경영문화가 더해진다면 한국경제는 새로운 도약의 원천을 확보할 수 있을 것이다.

‖글로벌경제신문 2021.03.02.

05

한국 기업의 ESG 경영,
또 다른 성장의 기회 될 것

전경련에서 환경위원회를 만들자 환경단체에서 만남을 요청했다. 페놀 유출사건 등으로 기업의 환경문제가 심각한 이슈가 됐던 때였다. 간부회의에서 논의했더니 만나봐야 좋을 것 없다고 의견이 모였다. 시민단체라는 게 말도 안 되는 걸 꺼내놓고 떼를 쓰든가 아니면 돈을 달라는 것밖에 뭐가 더 있겠느냐는 이유였다. 그런데 한 간부가 '기업은 원래 환경주의자'라며 만나자고 했다. 무슨 말이냐고 했더니 우리가 하는 일이 '기업 하기 좋은 환경'을 조성하는 것이니 만나서 의견을 나누는 것이 좋겠다는 얘기였다. 농담 같지만 뼈가 있는 의견이었다. 일리가 있다고 생각한 상근부회장은 이 말을 받아들여 환경단체 대표를 만났다.

환경단체 대표들을 만나보니 걱정했던 과격한 얘기는 나오지 않았다. 그저 기업들의 환경에 대한 관심을 제고해 달라는 정도의 얘기였다. 그래서 이들과 함께 지방의 공장을 찾아가기도 하고 정책간담회도 수시로 같이 개최했다. 그런데 지방의 공장에 가면 오·폐수를 정수해 마지막에 하수로 방류하는 곳에는 물고기를 기르는 연못이 많았다. 하수관을 흐르는 물보다 더 깨끗하다는 방증이었다. 일본이나 미국의 공장에 가면 흔히 보는 광경이었지만 어느새 우리나라 기업들도 늦었지만, 선진국 못지않게 환경친화적 경영을 현장에서 실천하고 있었다. 기업은 원래 환경주의자라는 그 간부의 말은 기업의 정신을 정확히 꿰뚫어 본 통찰이었다.

ESG가 기업경영의 메가트렌드로 떠올랐다. E(Eco)는 환경, S(Social)는 사회 그리고 G(Governance)는 지배구조를 일컫는다. 기업이 재무적인 성과 이외에 지구 온난화, 사회공헌, 다양성 등 비(非)재무적인 요소까지 고려해 지속가능한 성장을 추구하겠다는 철학이자 이념이다. 기폭제는 2019년 8월, 미국 대기업의 협의체인 '비즈니스 라운드테이블(Business Roundtable)'의 발표였다. 아마존의 제프 베이조스, 애플의 팀 쿡, GM의 메리 배라 등 181명의 CEO가 서명한 이 발표는 "기업의 목적이 경제적 가치 극대화에만 있는 것이 아니라 이해관계자들과의 커뮤니티, 함께 가는 공동체 사회, 지역사회의 번영과 발전에도 있다"고 강조했다. 비즈니스 라운드테이블의 선언을 경영현장에서 실제로 구현하기 위한 구체적 방안도 속속 발표됐다. 세계 최대의 자산운용사 블랙록은 주주 서한을 통해 기업에 대한 투자를 결정할 때 환경 지속성 등 ESG를 검토 기준으로 삼겠다고 했다. 애플도 2030년까지 전 세계 제조공급망에서 탄소 중립화 100%를 달성하겠다고 했다. 또 로열덧치셸은 2050년까지 온실가스 발생량을 절반으로 줄이겠다고 했다. 기후 관련 대응책을 요구하는 총보유자산 32조 달러의 투자자 연합인 '기후행동 100+'의 요구에 따른 것이다. 실리콘밸리에서는 미국 나스닥이 상장사 이사진에 최소 1명의 여성 그리고 소수인종, 성 소수자(LGBTQ) 이사 한 명을 포함하라는 지침을 도입했다. 미국증권위원회(SEC)가 이를 승인하면 최소 3,000개가 넘는 상장기업들은 1년 이내에 이사회의 다양성 현황을 공시하여야 하고 공시의무를 위반하면 상장폐지까지 당할 정도로 '다양성'은 필수가 됐다.

ESG 경영이 계속 확장되고 기업에 발등의 불로 떨어져 있지만 국내 기업의 ESG 경영이 다른 나라에 비해 크게 뒤처져 있는 것은 아니다. 무엇보다 우리나라 기업들은 창업 초기부터 '사업보국', '국부 증진', '인재 제일', '기업 이익의 사회 환원'과 같이 공동체와의 유대를 강조하는 철학과 문화적 토양을 가지고 있다. 거기에 환경이나 다양성 같은 새로운 테마가 올라왔지만, 정신적 기반을 고려하면 충분히 대응할 수 있는 과제라고 본다. 실재 SK의 경우 경영원칙인 SKMS의 대수정을 통해 종래의 '이익 극대화'를 '행복 극대화'로 바꾼 것이 2004년이었다. 비즈니스 라운드테이블의 선언이 있기 무려 15년 전의 일이었고 SKMS를 통해 주주, 종업원, 지역사회, 정부 등 각 이해관계자와의 소통, 행복 등을 기업의 중요한 사명으로 인식했었다. 결국 SK에 있어 ESG는 새로운 트렌드가 아니라 이미 현장에서 실천되고 있는 SKMS가 ESG로 이름만 바뀐 것이라고도 할 수 있다. 국제신용평가사 무디스가 ESG 평가에서 한국을 덴마크, 독일, 스위스 등 11개국과 함께 최상급인 1등급으로 평가한 것은 우리 기업의 정신과 현장 실천이 반영된 결과로 보인다.

그런데도 한국 기업의 ESG와 관련해서 반드시 짚고 넘어가야 할 몇 가지의 과제가 있다. 우선 장기적 기업성장의 과제로 경제적 이익과 사회적 가치의 조화라는 기본적인 명제가 있다. 기업의 이윤은 성장을 위해 당연한 필요조건이지만 사회적 존재로서의 기업

기업은 국가의 경제발전과 사회적 가치 창출 통해 더불어 성장한다는 내용을 담은 SK그룹의 슬로건

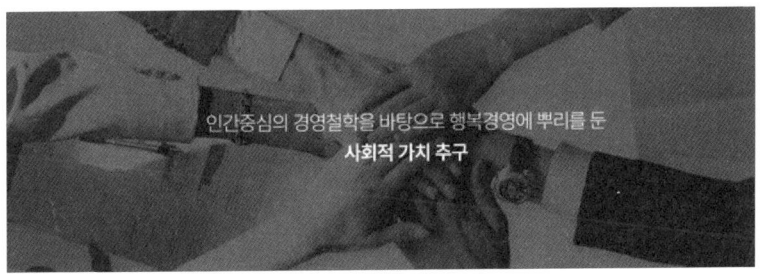

출처 : SK그룹 2021년 홈페이지 화면 캡처(www.sk.co.kr)

에 수시로 닥쳐올 불가피한 충돌과 어떻게 공생하느냐 하는 것은 중요한 과제라고 할 수 있다. 아울러 사회적 가치를 추구하는 비영리 공익법인(NPO)과의 관계를 새롭게 설정하는 것도 기업의 과제가 됐다. 지금까지 NPO는 기업에 대해서는 공세적 입장이었고 기업은 시종 수세적 자리에 머물렀다. 그러나 ESG가 정착된다면 기업도 비영리 분야의 투명성과 책무성을 요구할 수 있게 된다. 아울러 기업이 보유한 공익법인, 비영리 분야 자산의 투명성과 책무성을 스스로 객관적으로 검증받음으로써 기업의 착한 정신이 제대로 평가받게 하는 것도 기업의 과제다.

기업의 정신이 ESG와 맞닿아 가장 극적인 효과를 낼 수 있는 분야는 정치권과의 관계일 수 있다. 지금까지 기업은 정부·정치권과 항상 비대칭적 관계였다. 기울어진 운동장이다. 쉽게 말해 돈 뺏기고 뺨 얻어맞는 사이였다. 그런데 미국의 대선 기간 중 재계 지도자들은 공개적으로 미국 경제와 시장을 위해 민주주의를 요구했다. 막장 정치가 미국 경제의 발목을 잡을 것이라는 우려를 반영한 것이다. 트위터는 현직 대통령과 그의 지지자들의 계정을 대대적으로 삭제했다. 투자자들은 트위터의 미래를 불안하게 봤다. 그러나 트위터는 민주주의를 지킨다는 선택을 ESG의 관점에서 실행했다. 코카콜라, 구글, AT&T 등은 대선 결과 승인에 반대한 상·하원의원 147명에게 정치자금의 기부를 중단했다. 7,400만 명에 이르는 트

럼프의 지지자들을 향해 '올바름(Correctness)'이라는 가치를 제시했다. 기업의 정신을 힘으로 실천하고 소통으로 해결하려 한 것이다.

한국 기업의 전통적 토양, 창업의 철학에 ESG가 주는 과제는 충분히 융합·발전시켜 나갈 수 있다. 이 과정에서 발생하는 사회적 충돌, NPO와의 관계, 정치적 올바름 등의 과제를 슬기롭게 해결해 나갈 수 있다면 한국 기업의 정신은 ESG 경영의 해법이자 또 다른 성장의 기회로 소중하게 활용될 수 있을 것이다.

‖오피니언타임스 2021.02.03.

06

시대 조류를 꿰뚫어 본 SK가(家)의 사회공헌활동

SK그룹의 창업자 최종건 회장이 생전에 마지막으로 한 일은 기부였다. 상속이 아니었다. 그는 자신의 폐암 진단이 늦어진 것은 서울대병원에 '화이버 스코프'라는 고가의 진단장비가 없어서였기 때문이란 걸 뒤늦게 들었다. 2주 후 그는 그 기관지경을 일본에서 사서 서울대병원에 기증했다. 같은 병에 걸려 고통받고 있는 환자들을 위해서라는 말도 덧붙였다. 자신이 기증한 장비를 써 보지도 못한 채 타계한 최종건 회장의 이 말은 그의 유언같이 됐다.

　최종건 회장의 뒤를 이은 최종현 회장은 경영자로서의 걸출한 능력뿐 아니라 기업의 사회공헌에도 탁월한 족적을 남겼다. 그는 인재양성을 그의 평생의 테마로 택했다. 한정된 자원을 집중해 성과를 내게 하겠다는 경영자다운 발상이었다. 그리고 나무를 심었다. 30년 후 나무가 자라면 인재 양성을 위한 재원으로 쓰겠다고 했다. 나무를 심은 곳은 중부 내륙지방에 있는 오지 중의 오지였다. 개발의 손길이 전혀 미칠 수 없게 해 온전히 나무만을 키울 수 있게 하기 위함이었다. 한국고등교육재단과 서해개발이 이를 위해 설립됐다. 개인이 아닌 법인이 사회공헌사업을 추진해야 지속가능성이 담보된다는 취지였다. 한국고등교육재단이 배출한 793명의 박사, 5,000명에 이르는 인재와 인등산 자락에서 자라는 100만 그루의 나무는 최종현 회장의 그랜드 플랜이 만들어 낸 우리나라의 거대한 자산이 됐다.

최종건 회장의 차남 최신원 회장은 기부왕으로도 불린다. 그게 알려진 것은 국내가 아닌 해외 매체를 통해서였다. 2009년 미국의 경제주간지 『Forbes』가 아시아의 기부 영웅으로 그를 소개하면서

한국고등교육재단

출처 : 한국고등교육재단 홈페이지(www.kfas.or.kr)

부터였다. 그때까지 그는 '을지로 최신원'이라는 애매한 이름으로 기부했다. 사회복지공동모금회에서 수소문해 그가 SK가(家)의 일원임을 밝혀낼 때까지 그는 자신을 철저히 숨겼다. 그가 주도한 고액 기부자들의 모임인 아너 소사이어티는 6명으로 출발했지만, 지금은 2,662명의 회원에 누적 약정금액 2,874억 원에 이르는 세계적인 단체로 성장했다. 최태원 회장 등 SK가 4촌 형제들 모두 아너 소사이어티에 가입해 사회공헌을 매개로 한 훈훈한 형제애를 과시하기도 했다.

필자는 십수 년 전 어느 경제신문 기자의 전화 한 통을 지금도 기억하고 있다. 그 기자는 연세대에서 KDI 주최로 열리고 있는 사회적 기업에 관한 세미나에서 최태원 회장을 봤다는 것이었다. 확인해보니 수행비서만 알고 있는 일정이었다. 진심이 왜곡될 수 있으니 기사화는 보류시켜 달라고 했고 그 기자도 쾌히 승낙했다. 당시 SK그룹 사회공헌의 테마는 소외계층 일자리 창출이었다. 행복도시락 사업이 대표적인 사례였다. 최 회장은 이를 지속가능한 사업으로 뿌리내리려 했고 개념조차 생소한 사회적 기업에 주목했다. 그리고 자신이 먼저 공부했다. 비서실도 모르게 KDI 세미나에 참석한 것은 그런 이유였다. 그 후 사회적 기업에 관한 책을 직접 써내고 SK그룹의 사회적 가치 창출을 위한 핵심사업으로 사회적 기업이 정착된 것은 최 회장의 오랜 선행학습이 있었기 때문이다.

당시 소외계층 일자리 창출과 함께 SK그룹이 앞장섰던 또 하나의 테마는 자원봉사였다. 최 회장은 사회적 기업에 대한 선행학습과 함께 자원봉사에도 솔선수범했다. 어느 해인가는 겨울을 앞두고 연탄배달 봉사를 한 적이 있었다. 그런데 회장이 손수레 끄는 사진만 찍고 바로 돌아섰다는 음해성 루머를 전달해 준 기자가 있었다. 쇼만 했다는 것이었다. 그래서 연탄 가루가 까맣게 낀 손톱 끝을 사진으로 찍어 보내줬다. 최 회장의 손톱 끝도 같을 거라고 했더니 이 루머는 사라졌다. 사실 그때까지 CEO들의 사회봉사는 기부금 전달이 전부였다. 그래서 회장이 직접 하는 자원봉사는 재계에

임직원들과 함께 사랑의 연탄 배달 자원봉사활동을 펼치고 있는 최태원 회장(2005.10, SK그룹 제공)

도 신선한 충격이었다. 어느 중견그룹 회장은 자신도 따라했다고 자랑하기도 했다. 좋은 일의 나비효과가 생긴 것이다.

사회공헌활동(CSR)이 기업의 본령은 아니다. 기업은 어디까지나 돈을 벌어서 써야 하고 이익을 낸 만큼 세금을 납부해 사회에 이바지할 기회가 많이 있다. 그럼에도 많은 선진국 기업들이 나름의 사회공헌활동에 열심인 것은 사회와 공존한다는 기업문화가 궁극적으로 기업의 본질적 활동에 도움이 되기 때문이다. 특히 환경, 사회, 지배구조(ESG)의 시대적 명제는 기업의 차원 높은 사회적 가치 창출을 요구하고 있다. SK가 이 분야에서 대표기업으로 인식되고 있는 것은 시대의 조류를 10년 이상 앞서 꿰뚫어 본 최고경영자의 예지의 결과라고 볼 수 있다. 그리고 그 예지는 창업주에서부터 면면히 이어져 가풍으로 자리잡은 기업의 사회공헌에 대한 진정성이 바탕이 됐다고 본다.

‖이투데이 2022.01.18.

07

효성가(家),
'애국보훈' 활동의 뿌리를 되돌아보다

효성그룹은 현충일을 앞두고 사장단이 국립현충원을 매년 참배했다. 코로나 사태로 현충원이 현충일 즈음에 문을 닫기 이전까지 이 행사는 이어졌고 조현준 회장은 사장 때부터 꼭 참석했다. 재계에서 사장들이 함께 현충원을 참배하는 것은 효성그룹이 유일하다 할 정도로 이례적인 행사였다. 1990년대까지 전경련 회장단이 매년 현충일을 앞두고 국립묘지를 참배했었는데 지금은 없어진 이 전통을 효성그룹이 승계한 셈이 됐다. 효성그룹의 자원봉사단도 매년 봄·가을 두 차례 사업장 부근의 현충원을 찾아 정화활동을 펼친다. 꽃을 바치고 비석을 닦고 쓰레기를 줍고 잡초를 뽑으며 선열들의 숭고한 넋을 기린다.

애국보훈을 기업문화로 가꾸자는 효성의 다짐은 창업주 조홍제

조홍제 효성그룹 창업주

출처 : 효성그룹 블로그

회장(1906~1984)의 항일저항 운동과 뿌리를 같이한다. 19세의 늦은 나이에 중앙고보에 입학했던 만학도 조홍제 회장은 1926년 6.10 만세운동 때 주모자로 몰려 서대문 형무소에서 한동안 옥살이를 했다. 옥살이 중 발가벗긴 채 형틀에 거꾸로 매달려 채찍으로 얻어맞는 고문을 당하며 나라 없는 설움을 강하게 느꼈다. 한 해 뒤인 1927년에는 동맹휴학을 주동했다가 퇴학을 당하는 등 고문과 이어진 회유에도 굴하지 않고 항일저항 운동을 계속했다. 당시 체포된 19명의 명단은 1926년 6월 19일자 동아일보에도 크게 보도되었다. 1945년 8월 15일 일제가 항복을 선언한 라디오 방송을 듣고 가장 먼저 한 일은 10살 된 맏이 조석래를 무릎에 앉히고 스코틀랜드 민요 '올드 랭 사인'에 맞춰 애국가를 가르쳐 준 일이었다고 한다. 식민지 청년의 가슴에 목청껏 소리쳐 부르는 애국가 이상의 로망이 또 무엇이 있었을까.

한국의 슈바이처로 불리는 부산 청십자의료협동조합 장기려 박사(1911~1995)와의 인연도 남다르다. 담낭에 이상이 생겨 극심한 통증에 시달리던 조 회장을 장 박사가 수술해 건강을 회복하게 했다. 조 회장은 사례로 당시 집 한 채 값인 100만 원을 장 박사에게 줬는데 그는 이 돈으로 조직 호흡을 측정하는 '왈부르크'라는 의료기기를 사서 부산의대에 기증했다. 또 마땅히 거처가 없이 부산과 서울을 왕래하는 장기려 선생을 위해 서울 종로구 명륜동 집을 비워 줬다. 많은 돈이나 큰 집이 결국 국민을 위해 있는 것이라는 장기려 박사의 생각에 동의했기 때문이다. 조 회장에게 나라는 회사보다 크고 더 위에 있는 사업체나 마찬가지였다.

해방의 그날 아버지의 무릎 위에서 애국가를 따라 배웠던 장남 조석래에게도 나라는 자신의 삶을 완성시키는 소중한 존재였다. 미국 비자를 받기 위해 대사관 앞에서 천막을 쳐 놓고 밤샘하던 우리 국민들의 훼손된 자존심을 그는 한미비자면제협정을 통해 회복시켰다. 그가 비자면제 프로젝트를 시작한 것은 1996년, 그리고 2008년 10월 17일 미국 정부가 비자 면제 프로그램의 신규가입국 명단에 우리나라를 포함시킬 때까지 그는 12년을 매달려 우리 국민들의 자부심을 되살려줬다. 바쁜 회사 일을 챙기는 와중에도 한미재계회의 의장, 한·일경제협회장, 태평양경제협의회(PBEC) 국제의장, 다보스포럼 등 재계의 국제협력부장으로 불릴 정도로 한국이라는 나라의 국제적 위상과 신인도를 높이는 데 전력을 다했다. 나라가 잘되는 것이 결국 자기 사업에도 도움이 된다고 생각했기 때문이다. 설화에 휩싸였던 "경제를 잘 아는 사람이 대통령이 되면 좋겠다"는 그의 발언도 따지고 보면 나라를 위해 할 말을 한 셈이다. 군인이 '안보를 잘 아는 대통령'을 선호하고 노동조합이 '노동을 잘 이해하는 대통령'을 원하는 것, 그 이상도 이하도 아니었다. 그런 세상에서 그는 경제인이 할 말을 나라를 위해 당당하게 했다.

국립 현충원을 참배하는 조현준 회장(둘째열 가운데)을 비롯한 효성그룹 사장단(2014.6, 효성그룹 제공)

효성의 해외법인들도 그룹의 애국보훈 활동에 맞춘 다양한 사업을 펼치고 있다. 효성 USA는 2013년부터 사업장이 있는 앨라바마주 인근의 조지아, 테네시주 거주 6.25 참전 퇴역군인들을 위한 사은행사를 열고 있다. 한국 기업으로는 최초였다. 효성중국법인은 절강성 가흥시에 방치되어 있던 백범 김구 선생의 피난처를 복원하고 유지관리까지 맡은 바 있다.

코로나로 인해 온 나라가 정지된 것 같은 상황이 3년째 이어지고 있다. 2022년 상반기에라도 사태가 안정되어 현충원이 다시 개방된다면 효성그룹 사장단의 참배도 다시 이루어지지 않을까 기대한다. 그리고 가장 앞에 선 조현준 회장의 모습도 애국보훈을 실천하는 효성 기업문화의 상징으로 다시 볼 수 있을 것 같다.

‖ 이투데이 2022.02.21.

08

"전 재산 사회 환원하겠다"는 유한양행 창업자의 울림

"재산 전액을 사회에 환원하겠다."

1971년 4월 8일 유한양행 창업자인 고(故) 유일한 박사의 사후 유언장이 공개되면서 세상을 떠들썩하게 했다. 유 박사는 1971년 3월 11일 77세를 일기로 세상을 떠났다.

유 박사는 유언장에 "내가 모은 재산은 모두 여러 사람을 위하는 일에 쓰여야 한다"면서 "내 소유인 유한양행 주식 14만 941주(당시 시가 2억 2,500만 원) 전부를 사회공익법인 '한국 사회 및 교육 원조 신탁기금(현 유한재단)'에 기증함으로써 뜻있는 사회사업과 교육 사업에 쓰도록 하라"고 남겼다. 특히 장남에게는 "대학까지 졸업시켰으니 앞으로 자립해서 살아가라"고 당부하며 한 푼도 물려

국가, 교육, 기업, 가정 이 모든 것은
순위를 정하기가 매우 어려운 명제들이다.
**그러나 나로 말하면 바로
국가, 교육, 기업, 가정의 순위가 된다.**

- 유일한 어록 中에서 -

유일한 박사   1895.01.15 ~ 1971.03.11

주지 않아 신선한 충격을 주기도 했다.

유일한 박사는 사후 유언장에서 딸 유재라 여사에게 다음 글을 남겼다.

"유한공고 안에 있는 묘소와 주변 대지 5,000평을 상속한다. 그 땅을 '유한동산'으로 꾸미고 결코 울타리 따위를 치지 마라. 학생들이 마음대로 드나들게 해 티 없이 맑은 어린 학생들 정신에 깃든 젊은 의지를 지하에서나마 더불어 보고 느끼게 해 달라."

유일한 박사는 "자신은 빈손으로 떠나가나 유한양행은 사회의 것으로 남기고 싶다"는 신념을 그대로 실천했다. 세상을 떠난 뒤 유일한 박사의 유품을 정리해 보니 구두가 두세 켤레, 양복도 두세 벌밖에 없었다. 더위가 심한 여름에도 에어컨이 설치된 차를 타기 꺼렸다고 전해진다.

유 박사는 말로만 아니라 실제로 자신의 인생을 사익보다 공익을 추구하며 살았고, 그의 삶은 우리나라 모든 기업인에게 모범과 귀감이 되는 삶이었다.

유일한 박사의 '노블레스 오블리주(지도층의 사회적 책임 실현)'는 자신에게서 그치지 않았다. 유 박사의 딸인 유재라 여사는 1991년 타계했는데, 유 여사도 본인이 갖고 있던 회사 주식 등 200억 원에 달하는 전 재산을 사회에 기부하며 아버지가 세운 유한재단에 헌납했다.

유한양행은 유일한 박사가 "건강한 국민만이 잃어버린 주권을 되찾을 수 있다"는 신념으로 1926년 설립한 제약회사다. 그 스스로가 항일 무장투쟁에 뛰어들 정도로 애국의 신념이 창업정신이자 기업문화였다. 유한양행의 임직원들은 '가장 좋은 상품의 생산, 성실한 납세, 기업 이윤의 사회 환원' 정신을 최고의 가치로 생각하고 이를 실천하고 있다.

무엇보다 한국경제의 성장 과정에서 '기업가정신(Entrepreneurship)'을 가장 잘 실천한 사람이 바로 유일한 박사였다. 유 박사의 기업 설립 목적은 이윤을 창출하는 동시에 기업 활동 과정에서 많은 이들에게 교육의 기회와 일자리를 제공하는 것이었다. 나아가 그 이윤으로 민족의 장래를 결정할 교육에 투자하겠다는 유 박사의 신념과 맞닿아 있다. 그는 기업을 개인의 소유가 아니라 사회의 소유로 생각했으며, 기업은 사회의 이익 증진을 위해 존재하는 기구임을 누차 강조하고는 했다.

유한양행은 1939년 국내 최초로 종업원 지주제도를 도입했다. 특히 유일한 박사는 유한양행을 경영하던 1960년대 당시 부사장으로 근무하고 있던 장남 유일선 씨를 "경영의 대물림을 막는다"는 이유로 1968년 해고했다. 유한양행은 이듬해인 1969년부터 현재까지 50년 가까이 '전문경영인 체제'를 계속 이어오고 있다.

유일한 박사는 '기업의 소유주는 사회이고, 단지 그 관리만을 기업인이 할 뿐'이라는 신념 속에서 기업은 사회적 공기(公器)임을 항상 강조했다.

지금으로 치면 대기업이지만 유한양행은 흔한 정치 스캔들에도 연루된 바 없었다. 서슬 퍼런 자유당 시절에도 정치자금 요구엔 일절 응하지 않고 요구받은 금액보다 많은 금액을 세금으로 냈다. 정부 사업에 도움을 주더라도 부정은 거부하겠다는 신념을 보인 셈이다.

유한양행은 창업자인 유 박사의 이 같은 신념을 핵심 가치로 삼고 오늘날까지 이를 계승·발전시켜 나가고 있다. 무엇보다 제약사 본연의 업무인 우수한 의약품을 생산하기 위해 부단히 노력하고 있으며, 이를 통해 국민건강 증진과 보건 향상에도 기여하고 있다.

∥인사이드비나 2020.09.16.

09

이재용 시대의 도래,
삼성의 사회공헌에 바란다

경영의 신으로 불리었던 잭 웰치(1935~2020) GE 전 회장이 세계지식포럼에서 "일류 기업과 이류 기업의 차이는 무엇인가"라는 질문을 받았다. 그는 "일류는 실수를 한 번만 하지만 이류는 두 번 그 이상 한다"고 했다. 인상적인 답변이었다.

2022년 10월 27일 취임한 이재용 삼성전자 회장은 취임 일성으로 "국민에게 사랑받는 기업을 만들겠다"고 했다. 그런데 포브스가 2022년 발표한 '세계 최고의 직장' 순위에서 삼성전자가 3년 연속 1위를 차지했다. 2~5위는 마이크로소프트, IBM, 알파벳(구글), 애플 순으로 모두 미국계 IT기업이다. 또 인터브랜드의 '글로벌 100대 브랜드' 중 삼성전자는 2022년 5위에 올랐다. 삼성전자의 브랜드 가치는 전년대비 17% 늘어난 877억 달러에 달했다. 우리나라 기업으로는 현대자동차가 35위에 올랐다.

GM에 좋은 것이 미국에 좋다는 미국 발전 시대의 논리를 적어도 경제에 관한 한 삼성과 한국에 적용하면 딱 맞아 떨어진다. 지금 삼성 없는 한국경제를 상상이나 할 수 있겠는가. 그러나 삼성과 한국의 관계를 사회에 대입하여 보면 고개를 갸웃하는 국민들도 많다. 일각의 반기업 정서로 치부해 버리기에는 그 뿌리가 의외로 깊다. 이 간격을 메우는 것이 삼성의 사회공헌 사업이다. 이재용 회장이 이 간격을 좁힐 수 있으면 그의 취임 일성이 실현되는 셈이다.

순수한 기업의 사회적 책임(CSR) 차원에서 삼성의 사회공헌 사업이 두 가지 측면에서 보완되기를 바란다. 첫째는 자발성이다. 삼

삼성전자는 '함께가요 미래로! Enabling People'이라는 CSR 비전에 따라 청소년들이 잠재력을 최대한 발휘하고 긍정적인 사회적 변화를 이끌어 낼 수 있도록 지원합니다.

자료 : 삼성전자

성의 사회공헌 역사는 길다. 1965년 10월 창업주 이병철 회장은 자신의 재산 180억 원을 셋으로 나눠 이 중 3분의 1을 기부해 삼성문화재단을 만들었다. 이듬해 사카린 밀수사건이 터졌으나 그는 구속은 면했다. 그리고 회장직에서 물러났지만 2년 후인 1968년 다시 회장에 올랐다.

2008년 4월 이건희 회장은 기자회견을 갖고 8,000억 원을 헌납해 삼성고른기회장학재단을 설립한다고 발표했다. 삼성만이 할 수 있는 통 큰 결단이었다. 그러나 시점이 문제였다. X파일 사건과 삼성 특검의 조사 직후였다. 어쨌든 이건희 회장은 구속을 면했고 대신 회장직에서 물러났다. 그러나 평창올림픽 유치를 명분으로 사면 복권이 됐고 회장직에 복귀했다.

삼성의 사회공헌사에 변곡점이라고 할 두 개의 사건에서 똑같이 공익법인 설립, 사회공헌 사업이 등장하고 총수에 대한 사법처리가 거론됐다. 회장직 사임, 복귀의 과정도 반복된다. 이쯤 되면 기업의 사회적 책임인지, 총수의 사법처리와 관련된 해법인지 고개가 갸웃거려진다. 이래서 자발성이 의심받게 된다.

자발성과 동전의 양면 같지만 두 번째 과제는 진정성이다. 삼성의 사회공헌은 다각도에서 오랫동안 많은 자원과 두뇌를 동원해 지속적으로 추진됐다. 자원봉사 등 사회를 변화시킬 만한 테마도 발굴해 우리 사회에 정착시켰다. 그런데 많은 CSR 사업이 삼성의 사업과 연결되어 있다. 사회와의 접점은 엷어지고 사업과의 연결은 두터워졌다. 미르재단, K스포츠재단에 대한 수백억 원의 기부가 대표적이다.

사회와의 연계인 CSR 활동이 권력과의 거래와 청탁이라는 프레임에 걸려버리면 그 진정성은 의심받을 수밖에 없다. 이재용 부회장이 사법처리에까지 다다른 것은 권력의 강요는 별개로 하더라도, 진정성이 결여된 사회공헌 사업이 단초였다.

이재용 회장은 신뢰받고 사랑받는 새로운 삼성을 약속했다. 그러기 위해서는 진정성과 자발성이 보완된 사회공헌 사업이 필수적이다. 총수의 필요가 아니라 사회의 필요에 의해, 거래와 청탁이 아니라 헌신과 봉사에 의해 사회공헌 사업이 진행되어야 한다.

이재용 회장의 다짐을 뒷받침하기 위한 한 가지 대안으로 사회공헌 플랫폼의 구축을 제안한다. 공익 플랫폼의 부재로 우리는 너무나 많은 갈등을 겪고 사회적 비용을 치러왔다. 공식을 타파하는 방법이 공익 플랫폼이다. 공동체의 발전을 위한 가치와 철학을 공유하고 국민들이 어떻게 어디에 기여하고 헌신할 수 있는지 찾아보게 하자는 것이다. 삼성의 힘으로 만들었지만, 국민의 힘으로 굴러가게 된다. 삼성의 진정성과 자발성은 누구도 의심하지 않는다. 단기간에 완성된 모델은 나오지 않는다. 그러나 지속적으로 보완되고 발전되면서 완성된 형태로 나아가게 된다.

삼성의 사회공헌은 잭 웰치 회장의 일류와 이류 개념에서 보면 실수를 여러 번 했다. 양은 몰라도 질로는 일류라 할 수 없다. 이재용 회장의 사랑받는 기업을 향한 다짐이 삼성에 좋은 것은 나라에 좋다는 명제가 실현되는 계기가 되기를 바란다. ‖이투데이 2022.11.18.

10

삼성전자가 선택한 공익법인들(NPOs)

우리나라를 대표하는 기업인 삼성전자는 사회공헌 사업에 있어서도 타의 추종을 불허한다. 국세청 공시 공익법인 결산서류를 기준으로 한 한국가이드스타의 조사에 따르면 2021년 삼성전자는 기부액만 1,674억 원에 이르렀다. 같은 조사에서 현대자동차가 338억 원, 포스코가 208억 원이 나온 것을 보면 삼성전자의 압도적 위상이 짐작이 간다.

그런데 '대중소기업농어촌협력재단'이라는 기부자에게는 생소하나 긴 이름을 가진 공익법인이 삼성전자로부터 341억 원을 기부받아 기부처 중 1위에 올랐다. 이 재단은 2004년 대중소기업협력재단으로 설립됐다가 농어촌 상생협력기금의 관리 운영이 사업내용에 추가되면서 2017년 1월 지금의 이름으로 바뀌었다. 중소기업과의 상생이 사회공헌사업이 되느냐 아니면 기업의 고유한 경영활동으로 봐야 하느냐는 시각의 차이가 있겠다. 그러나 삼성전자가 전 세계를 상대로 영업하면서 얻은 이익이 직접 연관이 없는 중소기업과의 상생협력에까지 쓰인다는 것은 일응 바람직한 기부행위로 보인다. 여기에 농어촌과 도시의 양극화 해소도 복지의 큰 과제라는 점을 감안하면 기부의 타당성은 납득이 된다.

다만 민법 중 재단법인에 관한 규정이 이 재단의 경영일반에 준용되고 있는 점을 감안하면 민간 공익법인이 일반 기부자를 대상으로 하는 수준의 투명성, 책무성 확보 노력이 이 재단에 의해 보다 적극적으로 기울여져야 할 것이다. 이것은 말도 많고 탈도 많은 한국의 사회환경에서 글로벌 기업 삼성전자를 자유롭게 해주는 방편이기도 하다. 이 재단은 삼성전자 외에도 현대자동차(30억 원), 포스코(51억 원), SK하이닉스(23억 원) 등에서도 많은 기부금을 받고 있어 그 필요성이 더욱 강조된다.

이런 측면에서 삼성전자의 2대 기부처인 '사회복지공동모금회'는 그 필요성이 이미 대중에 의해 각인된 대표적인 공익법인이라고 할 수 있다. 엄격한 수준의 비용관리에 더해 설립 초기 정부 간섭의 부작용까지 극복하면서 한국을 대표하는 모금 및 배분기관으로 자리매김했다. 물론 여기에는 삼성전자의 기부가 큰 몫을 했다. 기부를 한 삼성이나 스스로 투명성을 입증하며 자리매김한 공동모금회의 사례는 기부자와 공익법인의 모범적 상생사례로 높이 평가할 만하다.

삼성전자의 기부금 중 상당액은 삼성그룹이 설립한 공익법인으로도 가고 있다. 삼성생명공익재단(299억 원), 성균관대학(178억 원), 삼성복지재단(115억 원), 호암재단(37억 원), 충남삼성학원(24억 원) 등 654억 원이 그것인데 이는 삼성전자의 기부액 중 39%에 해당한다. 앞서의 대중소기업농어촌협력재단이나 사회복지공동모금회가 법적으로 필요성이 확보된 공익법인이라면 삼성그룹의 공익법인은 기업의 사회공헌이라는 스스로의 필요에 의해 만들어졌다고 할 수 있다. 대중을 기반으로 하는 모금활동이 없다는 점은 있지만 공익법인의 혜택을 받으며 사업을 수행하는 기업재단의 이중적 성격은 사회적 감시를 어느 수준으로 유지할 것이냐는 점에서 논란이 많이 있었다. 이는 삼성준법감시위원회에서도 다뤄볼 충분한 가치가 있는 주제라고 할 수 있다.

한국가이드스타는 국세청 결산 공시를 기반으로 해서 공익법인의 투명성과 책무성을 평가하고 그 결과를 매년 공개하고 있다. 삼성전자가 기부한 공익법인 36개 중 2021년 기준으로는 15개의 법인이 평가대상이 됐다. 그 결과 한국백혈병어린이재단, 굿네이버스, 어린이재단, 아이들과미래재단 등 4개의 공익법인이 최우수 평가를 받았으며 기부금을 믿고 맡길 수 있는 법인으로 선정되었다. 한편 삼성의 기업재단은 모두 투명성 관련 자료를 제출하지 않아 예비스타 공익법인으로 선정되는 정도에 그쳤다.

최근의 한 보도에 따르면 국내 50대 기업이 사회공헌사업에서 공익법인을 파트너로 삼아 진행한 비율은 64%에 달했다고 한다. 이는 기업 단독으로 진행한 비율(22%)의 거의 세 배나 된다. 공익법인의 진정성과 전문성이 평가받은 결과라고 할 수 있다. 그러나 기업보다 좋은 평판이 공익법인 자체의 투명성 확보 노력을 지체시키는 명분이 돼서는 안 된다. 사업의 성과(임팩트)를 정성·정량 평가하고 운영의 투명성을 확보해야 사회공헌사업에 임하는 기업의 진정성이 제대로 사회에 투영될 수 있다. 우리나라의 최대 기부자인 삼성전자가 공익법인을 파트너로 선정하는 기준은 우리 사회에서 기부를 망설이는 큰 이유에 대해 해답을 줄 수도 있다. 나아가 경제규모에 비해 한참 뒤처진 우리나라의 기부 수준을 도약시킬 첩경이 될 수도 있어 기대가 크다.

‖이투데이 2023.07.14.

11

동네 중국집도 리뷰가 붙고
평점이 매겨지는데…

LG그룹의 여의도 트윈타워에서 농성 중인 노조원들의 피켓에서 뜻밖의 구호가 보였다. "불우이웃성금 120억, 청소노동자는 집단해고, LG 규탄한다." 불우이웃성금 120억 원은 아마 2020년 연말에 LG가 사랑의열매(공동모금회)에 기부한 금액으로 생각된다. 그런데 과문한 탓인지는 몰라도 불우이웃돕기 성금 낸 것을 규탄하는 노조원들의 시위는 본 적이 없다. 그래서 뜻밖이었다.

공동모금회는 그 투명성에서 국내 최고를 자랑한다. 심사과정도 까다롭고 집행에 대한 검증도 꼼꼼하게 이뤄진다. 그래서 경기가 어떠니 해도 국내 최대의 모금단체로 그 명성이 이어졌다. 2021년 1월 20일 '사랑의 온도탑'의 수은주가 100도를 넘기면서 목표 모금액 3,500억 원을 넘어섰다. 만약 공동모금회가 사회적 물의나

출처 : 사랑의열매 회보 2021년 1월 165호
(chest.or.kr)

정치적 논란에 휩싸였다면 그렇지 않아도 거친 한국의 노동투쟁이 여기를 바로 덮쳤을지도 모른다. 뒤집어 말해 LG그룹이 어떤 대가를 바라고 공동모금회에 기부했더라면 청소노동자들의 입장이 크게 주목받을 뻔했다. 공동모금회라는 단체의 투명성이 역으로 LG그룹을 지켜주는 역할을 하고 있다고 본다.

공익법인에 기부했다가 크게 낭패를 본 기업이 많다. 기업의 사회공헌은 다각도에서 오랫동안 많은 자원을 들여 지속됐다. 그런데 많은 사회공헌 사업이 기업의 현안과 연결되어 있다. 사회와의 접점은 엷어지고 사업과의 연결은 두터워졌다. 미르·K재단에 대한 기부가 대표적이다.

기업으로서는 억울할 것이고 자원봉사를 한 당사자인 임직원들은 분개할 수도 있을 것이다. 그러나 사회와의 연계인 기부와 봉사가 권력과의 거래와 청탁이라는 프레임에 걸려버리면 나머지는 그 진정성이 의심받게 된다. 위안부 보듬이 사업이 개인의 치부와 영달로 초라하게 귀결된 데는 결국 사업 책임자의 진정성 결여, 그 이

외에는 어떤 원인도 찾을 수 없다.

　최근 들어 기업경영의 메가트렌드로 부상한 ESG는 그 자체가 공익법인과 밀접히 연계되어 있다. E(환경)에 있어서 환경단체 같은 공익법인이 공세적 입장이면 기업들은 방어적 입장에 있다. 지구환경이라는 대명제에 우선해 당장 우리 동네, 우리 회사 주변의 환경단체와 공생할 수 있어야 한다. S(사회)는 CSR로 대표된다. 기업 사회공헌의 상당부분이 공익법인이나 사회적 기업과 연계되어 이루어진다. G(지배구조)는 공익법인과 다소 관련이 없어 보인다. 그러나 삼성전자의 경영진이 재판에 넘겨지자 ESG 평가의 한 지표인 「2018 MSCI 코리아 리더스 지수」에서 삼성전자는 제외됐다. 미르·K재단에 대한 기부가 화근이었다.

　대기업의 오너나 법인이 횡령이나 분식에 연루되어 사법처벌을 받은 경우가 많다. 그래서 이를 방지하기 위하여 사내·외로 이중, 삼중의 장치를 한다. 독립된 감사위원회를 두고 사외이사의 비율을 상향 조정하고 감사지정인제를 도입하고 특수관계자들 간의 거래를 제한한다. 그런데 공익법인들과의 관계를 잘못 설정해 오너가 곤욕을 치른 경우도 많다. 멀리는 일해재단이 그랬고 가장 최근에는 미르·K스포츠 재단이 그랬다. 그런데도 공익법인의 출연에 관해서는 제도적 제한이 사내에 거의 없다. 이 틈새를 사이비 공익법인이 파고든다. 묻지마 성금, 깜깜히 기부가 권력을 끼고, 정실에 따라 성행하는 이유다.

기업의 지속가능성을 담보하는 ESG 경영은 기업에 대해 공익법인과의 새로운 관계 설정을 요구하고 있다. 차제에 기업이 공익법인의 투명성을 짚고 넘어가도록, 의무화할 것을 제안한다. 외부감사의 이행은 물론이고 모금비용과 사업비용의 비율, 사회적 물의와 결코 돈으로는 환산할 수 없는 가치를 계량해 기부금의 산정에 필수적 사항으로 산입되도록 하자. 기업의 신용평가보고서와 같은 투명성 리포트 같은 것을 공익법인에 도입해 줄 것을 제안한다. 이는 기부자로서의 권리를 기업이 되찾는 길이기도 하고 비리로 점철된 우리나라의 기부문화를 바르게 정립하는 또 하나의 사회공헌사업이기도 하다.

빌 게이츠 부부가 설립한 '빌&멀린다게이츠재단'은 코로나 팬데믹 해결을 위해 1조 7,500억 원이 넘는 재원을 투입해 빈민국의 코로나 대응을 지원하고 백신과 치료제 개발에도 2,500억 원을 지원하고 있다. 이전에는 나라에서 하던 역할을 민간재단이 하고 있는 것이다. 재단의 투명성이 보장되지 않고서는 결코 있을 수 없는 일이다. LG의인상도 기업 사회공헌의 모범이다. 기부 금액이나 대상을 기업이 스스로 정한다. 그러나 누구도 LG의 진정성과 투명성을 의심하지 않는다. 그 상을 제정한 고(故) 구본무 회장에 대해 사후 찬사가 쏟아졌다. 경영자로서의 구본무 회장에 대한 평가 못지않게 사회를 변화시킨 한 동력으로서 그의 의지가 높게 평가됐다.

우리나라에서 지금까지 공익법인은 평가의 예외지대로 남아 있었다. 좋은 일을 한다는 이유로, 열악한 환경이라는 이유로 공익분야를 애틋하게만 생각해 왔다. 그러나 이제는 동네 중국집까지도 리뷰가 붙고 평점이 내려진다. 몇몇 기업은 이미 제휴하고 있는 공익법인에 대한 한국가이드스타의 평가를 지속가능성 보고서에 공개하고 있다. 한국가이드스타가 지난 10년간 공익법인 평가의 제도를 정비하고 심사기준을 공개해 온 것이 기업과 공익법인 모두에 유용하다는 공감대가 형성된 결과다.

트윈타워 로비의 농성 노동자들은 왜 불우이웃돕기 120억 원을 구호로 내세웠을까. 아마 금액이 크다는 이유였을 것이다. 그러나 그 돈의 수혜자는 불우한 우리 이웃이고 그 쓰임새를 보면 오히려 그런 돈은 더 써도 된다고 생각하지 않을까. 그런 LG의 진정성을 공동모금회가 직접 나서서 설명해 줄 수는 없을까. 최소한 이 부분에서 회사와 노동자의 공감대가 형성된다면 LG의 ESG 경영은 한 고비를 넘겼다고 볼 수 있을 것이다.

12

선한 영향력,
기부가 빛을 발하려면…

"제 재산을 사회에 환원하겠습니다"라는 발표는 뉴스를 통해 종종 들을 수 있다. 사회적인 이슈가 발생했을 때 기부를 약속하여 자신의 선의를 각인시키려는 주요 고위층들의 행동 패턴이다. 최근 조국 전 법무부 장관도 장관 취임 전 이런 발표를 했었다. 하지만 이러한 약속이 지켜진 선례가 있나 생각해보면 잘 떠오르지 않는다. 원인이야 어쨌든 사회 환원을 약속한 고위층들의 꿀 바른 말은 기부의 진정성을 훼손시키고 있다.

그러나 반대로 노블레스 오블리주를 실천하는 사람들도 늘고 있다. 원로배우 신영균 씨가 남은 재산은 사회에 환원하겠다는 뜻을 밝혔다. 이전에도 명보극장과 제주 신영영화박물관 등 500억 원 규모의 사유재산을 한국영화 발전에 써달라며 쾌척해 화제가 되기도 했다. 그가 기부한 재산을 토대로 2011년 출범한 신영균영화예술재단은 9년째 영화인 자녀 장학금 지급, 단편영화 제작 지원 등 문화예술 발전과 후배 양성에 힘쓰고 있다. 몇 해 전 모교인 서울대에도 100억 원 상당의 대지를 발전기금으로 기부하였다. 평생 영화배우로 살아온 그는 진정한 노블레스 오블리주를 실천하고 있어 사회의 귀감이 되고 있다.

선한 영향력을 행사하고자 하는 기업인들과 고위층, 부자들이 늘고 있지만 기부하는 방법을 몰라서 세금폭탄을 맞는 사례가 종종 들린다. 선의로 기부금 42억 원을 해외 명문대학에 지원한 김구 선생의 둘째 아들인 김신 선생은 최근 국세청으로부터 상속세 9억 원과 증여세 18억 원을 납부하라는 충격적인 고지를 받았다.

김신 선생은 백범 김구 선생 기념관 사업회 회장을 지내면서 미국의 하버드대학, 브라운대학, 터프츠대학, 대만의 타이완대학 등 세계적인 대학에 42여억 원을 기부했다. 기부금은 대한민국의 항일투쟁 역사를 알리기 위해 인재들을 지원하고 한국학 강좌를 개설하는 데 사용되었다. 하지만 국세청은 김신 선생이 공익법인을 거치지 않고, 직접 기부하여 세금 감면을 받았다고 추정하여 세금을 부과했다.

공익목적의 기부와 증여세 문제는 과거에 또 있었다. 수원 교차로 대표 황필상 박사는 아주장학재단(현 구원장학재단)에 180억 원 상당의 주식을 기부하여 아주대학교 학생들에게 장학금 및 연구비 지원으로 사용했다. 하지만 국세청으로부터 140억 원의 세금 폭탄을 피할 수 없었다. 사유는 공익재단에 특정회사 주식을 5% 넘게 기부했기 때문이다(그러나 이 사건은 독일의 국세기본법 '형편면제처분'[2] 법리를 적용하여 최종적으로 증여세를 내지 않아도 된다는 대법원판결이 내려졌다).

현재 상속세 및 증여세법에서 5%를 초과하는 주식을 공익법인에 증여할 경우 증여세를 부과하도록 한 것은 이를 이용한 부의 편법 증여나 상속을 막기 위한 것이다. 공익법인을 이용해 기업을 간접적으로 지배하면서 상속증여세만 면제받는 사례가 종종 있어 이를 막기 위해 60여 년 전에 도입한 제도다. 하지만 제도를 숙지하지 못한 선의의 기부자들은 그 피해를 고스란히 자신이 떠안고 있다.

김신 선생과 황필상 전 대표도 공익법인 설립과 기부에 관한 제도를 잘 알려줄 누군가가 있었다면 이러한 사태는 없었을 것이다. 현재 우리나라는 공익법인에 대한 규제 대부분이 1960~70년대에 만들어졌다. 1980년대 이후 주식 기부를 제한하는 상·증세법이 강화된 것도 그 당시 대기업과 총수 일가가 기업계열 공익법인에 주

2_. 형평면제처분이란 합법적인 조세법률의 적용으로 인한 과세처분이 위헌적인 결과를 가져오는 경우 그 처분을 면제. 입법 당시 알 수 없었던 조세법 체계상의 공백을 과세 관청이 법적용 단계에서부터 고려할 수 있도록 함으로써 납세자들의 신뢰를 형성하고 잘못된 제도를 조기에 수정할 수 있도록 선순환적 기능을 하는 제도로 평가되고 있음.

식을 몰아줘 기업 지배력을 강화하는 수단으로 악용했기 때문이다.

그렇다면 좋은 뜻으로 사회에 기부한 기부자들의 숭고한 뜻이 빛을 발하려면 어떻게 해야 할까.

우선 기부자들은 기부 관련 제도와 환경을 잘 숙지하고 있어야 한다. 모든 기부에는 원칙적으로 증여세가 부과된다. 다만 예외적으로 국내 소재하는 공익법인(법정 및 지정 기부금단체)에 기부하는 경우 증여세를 면제받을 수 있다. 그러나 주식을 기부하는 경우 국내 소재 공익법인이라 해도 특수관계 여부에 따라 증여세를 부담해야 할 수도 있다.

또한 기부금 단체 종사자는 기부금을 받을 때 기부자에게 기부 절차와 방법을 정확히 안내할 수 있어야 한다. 세무관련 법률 조언이 필요한 경우 세무 전문가를 소개해 주는 등 길잡이 역할을 할 수 있는 역량이 필요하다. 이를 위해 정부에서도 기부금 단체 종사자들을 위해 다양한 교육을 진행하는 것에 앞장서야 한다.

음식배달앱 '배달의민족'을 운영하는 (주)우아한형제들 김봉진 대표는 2017년 약속한 '100억 원 기부 약속'을 2019년 4월 실천했다. 배달업 종사자들의 의료비 및 생계비 등을 지원한 김봉진 대표는 기부할 때 방법을 몰라 많은 고민을 했다고 한다. 처음엔 취지에 맞게 돈을 사용할 재단을 세울 생각이었지만 설립요건과 절차가 까다롭고 '재산을 은닉하려는 것 아니냐'는 비판도 들렸다고 한다.

김봉진 대표 100억 원 기부 내역

금액	기부 단체 및 용처
50억 원	사랑의열매-초록우산(예종석 회장/이제훈 회장 - 저소득층 자녀 장학금 등)
20억 원	사랑의열매-대한의료사회복지사협회(라이더 사고시 의료비/생계비 지원)
20억 원	(사)어르신의 안부를 묻는 우유 배달(호용한 이사장 - 고독사 예방)
10억 원	타이니씨드(석금호 이사장 - 미얀마 등 빈곤 아동/마을 지원) 월드투게더(김요한 전 회장 - 베트남 소외 이웃 지원) (사)한베문화교류센터(김영신 원장 - 베트나 저소득층 지원) (사)희망의 망고나무(이광희 패션디자이너 - 아프리카 한센인 지원) (사)그루맘(김미경 원장 - 미혼 한부모 지원) 다일공동체 - '밥퍼'(최일도 이사장 - 소외 이웃 지원) 제주도 장학사업 기금(김지만 쏘카 창업자) 서울예술대학(모교 발전 기금)

그래서 바로 접었다고. 이어 그는 한 인터뷰에서 "우리나라에 빌 게이츠 같은 기부자가 안 나오는 건 '세금폭탄' 같은 기부 환경 탓이 더 크다"라며 우리나라 기부 환경과 제도에 대한 아쉬움을 토로하기도 했다.

새로운 부자들이 많이 나올 수밖에 없는 4차 산업 시대. 앞으로 탄생할 부자들이 더 쉽게 사회에 기여할 수 있도록 해야 한다. 제도와 환경이 뒷받침되어야 하는 것은 물론 공익 종사자는 기부자에게 기부 길잡이 역할을 마다하지 않아야 한다. 기부자 역시 '가슴은 뜨겁게 머리는 냉철하게' 법의 테두리 안에서 따뜻한 손길을 뻗는 자세가 필요하다.

∥글로벌경제신문 2019.11.13.

13

보헤미안 랩소디 속의 기부문화

 노블레스 오블리주를 실천하며 다양한 활동을 통해 나눔에 앞장서는 셀럽들이 많아지면서 기부문화가 변하고 있다. 선진국에서는 일찍이 나눔의 인식이 자리 잡으면서 기부문화 활성화를 이끌었다.

 2020년 1월에 개봉한 <파바로티(Pavarotti, 2019)>는 이탈리아의 테너 가수인 루치아노 파바로티의 일대기를 다룬 영화다. 루치아노 파바로티는 플라시도 도밍고, 호세 카레라스와 함께 세계 3대 테너로 불렸다. 이들은 세계에서 가장 유명한 테너들로서 지금까지도 레전드로 회자되고 있다. 이 세 명의 테너들의 합동공연은 1988년 백혈병을 완치한 카레라스가 자신이 설립한 호세 카레라스 백혈병 재단이 주최하는 자선 콘서트를 개최했는데 폭발적 호응을 얻으며 시작되었다. 파바로티 또한 난민과 어려운 이웃을 위한 재단을 만

들어 자선기금을 기탁하면서 선한 영향력을 미치기도 했다.

전 세계에서 유명인들의 사회적 책임을 다하는 사례는 더욱 다양해지고 있다. 2018년 11월 타이거우즈와 필미켈슨이 펼쳤던 세기의 골프 대결은 우승상금 900만 달러를 기부하는 조건으로 성사되었다. 이 대결에서 승리한 필미켈슨은 자신의 재단과 아동 후원, 라스베이거스 슈라이너스 병원 등에 기부하기로 했다.

갑작스러운 사고로 우리 곁을 떠난 NBA 전설 '코비 브라이언트(Kobe Bryant)'도 생전 나눔에 대해 깊이 고민하고 실천한 스포츠 스타다. 5번이나 팀을 우승시킨 뒤 지난 2016년 은퇴한 후 그는 아내인 바네사 레인과 '코비앤바네사브라이언트가족재단'을 설립해 어려운 가족과 청소년들을 돕는 등 경기장 밖에서도 활발히 활동했다.

　할리우드 배우 레오나르도 디카프리오도 호주의 산불 진화를 돕기 위해 300만 달러(한화 약 35억 원)를 기부한다고 했다. 미국 현지 매체에 따르면, 디카프리오가 스티브 잡스의 아내 로렌 파월 잡스, 브라이언 세스 등과 함께 만든 '어스 얼라이언스(Earth Alliance)'는 호주 산불 펀드를 새로 결성해 화재와 싸우는 전 세계적 조직망을 만들겠다고 발표했다.

　이처럼 기부 선진국의 다양한 기부문화를 엿볼 수 있는 영화가 있다. 바로 2018년 10월 개봉한 영화 <보헤미안 랩소디(Bohemian Rhapsody>다. 이 영화는 영국의 록밴드 '퀸(Queen)'의 일대기를 다룬 영화인데, 그 클라이맥스는 마지막 20분 라이브 에이드(LIVE AID) 공연 장면이다. 이 공연은 1985년 7월 13일 퀸을 포함한 미국과 영국에서 가장 핫한 아티스트들이 참여하여 에티오피아 난민 기아 문제를 해결하기 위한 자금 마련을 목적으로 기획된 공연이다.

　공연 동안 관객들은 라이브 에이드 운동에 모금해줄 것을 요청받았다. 공연 도중 실제 도움이 필요한 에티오피아의 어린이들이 담긴 영상이 방송으로 송출되면서 모금에는 가속이 붙었다. 기획 당시 100만 파운드(한화 약 15억 원)의 수익을 예상했지만, 실제 공연 후 1억 5,000만 파운드(한화 약 2,300억 원)가 모금된 것으로 파악됐다.

　이러한 움직임은 유럽의 다른 지역과 아메리카 대륙으로도 확대되었고, 기부금 모금 차원에서 라이브 에이드는 기대 이상의 성공을 거두었다. 이러한 기부문화는 공연뿐만 아니라 퀸의 보컬 프레디 머큐리(Freddie Murcury) 사후에 만들어진 '머큐리피닉스재단(Mercury Phoenix Trust)'에서도 '프레디 포 어 데이(Freddie for a day)'를 통해 활발한 활동을 이어가고 있다.

그렇다면 우리나라 유명 스타들은 어떻게 나눔을 실천하고 있을까. 우리나라 배우, 가수, 스포츠 스타 등 많은 유명인들도 사회적 이슈가 있을 때마다 또는 정기적으로 큰 금액을 기부해 화제가 되고 있다. 강원도에 큰 산불이 있었을 때 가수 강다니엘, 방탄소년단, 아이유, 수지, 차인표, 이병헌 등 많은 연예인들이 큰 금액을 기부해 사회의 귀감이 되었다. 또한 호주 산불 피해 야생동물을 위해 남몰래 기부하여 화제가 된 국내외 연예인들도 상당하다.

큰 이슈가 있을 때 기부하는 유명인들도 많지만 자기 이름을 걸고 재단을 실립해 꾸준히 공익사업 활동을 하는 유명인들도 많다. 양준혁야구재단, 홍명보장학재단, 장미란재단, JS파운네이션(박지성), 승일희망재단(박승일, 션), 한기범희망나눔 등 국세청에 결산서류를 공시하는 곳만 약 20여 개다. 스포츠 선수들이 은퇴 후 자신들의 후배 양성을 위해 공익사업을 벌이는 재단이 많다.

특히 승일희망재단은 농구선수였던 박승일 선수가 루게릭병 환우들을 위해 설립한 재단이다. 17년째 루게릭병 투병 중인 박 선수

승일희망재단

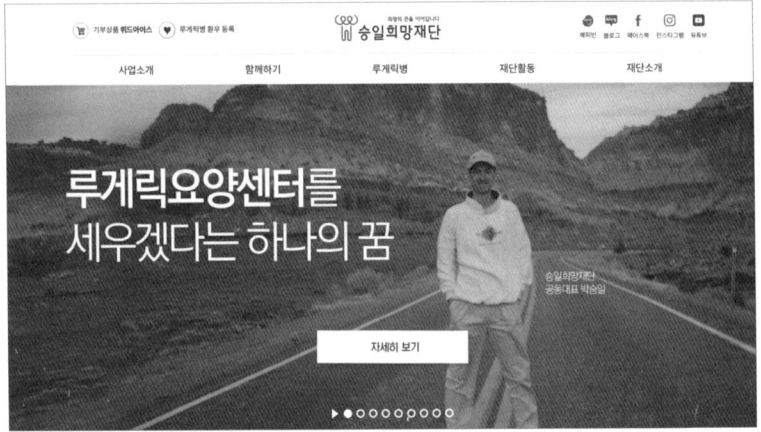

출처 : 승일희망재단 홈페이지(www.sihope.or.kr)

는 은퇴 후 2011년 승일희망재단을 설립했다. 승일희망재단을 주축으로 전 세계적으로 즐거운 기부문화 확산에 일조했던 '아이스버킷 챌린지' 캠페인 덕분에 우리나라에서도 루게릭병 환우들을 위한 기부캠페인 열풍이 일었다.

아이스버킷 챌린지는 미국 ALS 재단이 난치성 질환인 루게릭병을 대중에게 알리고 환자 치료에 필요한 기부금을 모으기 위해 시작한 캠페인이다. 먼저 얼음물을 뒤집어쓴 사람이 3명의 동참자를 지목하면 지목된 사람은 24시간 이내에 얼음물을 뒤집어쓰거나 루게릭병 환자를 지원할 100달러를 미국 ALS재단에 기부하는 방식이다.

빌 게이츠 마이크로소프트 공동창업자, 마크 주커버그 페이스북 최고경영자, 가수 저스틴 팀버레이크 등 유명인들이 얼음물을 뒤집어썼고, 오바마 대통령은 기부금을 내는 방식으로 캠페인에 동참했다. 메시, 데이비드 베컴 등 해외 축구 스타들과 코비 브라이언트, 샤킬 오닐 등 미국 농구 스타들도 대거 참여했다. 우리나라에서도 박승일 프로농구 울산 모비스 전 코치를 비롯해 션, 정우성, 박해진 등 배우들과 한혜진, 장윤주 등 모델들이 참여했고 이승철, 아이유, 트와이스 등 가수들과 개그맨 박나래 등의 동참으로 이어졌다.

하지만 이러한 유명세를 이용해 공익목적 사업에 쓰겠다고 후원금을 받아 제대로 기부금을 사용하지 않은 사례도 있다. 배우 '고(故) 장자연 씨 사건'의 유일한 목격자를 자처해 증언자 보호를 위한 비영리단체 '지상의빛'을 만들어 개인 계좌로 후원금을 받은 윤지오 씨가 대표적이다.

2019년 3월 자신의 개인방송에서 신변 위협을 호소하며 경호비용 후원까지 요청해 받은 기부금은 1억 2,000여만 원으로 알려졌다. 그러나 사전에 필요한 등록절차를 거치지 않아 불법 모금 논란에 휩싸이며, 돌연 해외로 떠났다. 이에 후원금을 냈던 400여 명이 손해배상청구 소송을 제기했다. 그러자 그는 사적 용도로 사용한 적이 없으며, 후원금 전액을 반환하겠다고 말했다. 하지만 2020년 2월 초 KBS에서 취재한 결과 후원금을 돌려받은 사람이 단 한 명도 없다고 전했다.

앞으로 선한 영향력을 행사하며 노블레스 오블리주를 실천하는 셀럽들은 더 많아질 것이다. 이들이 더 쉽게 사회에 기여할 수 있도록 제도와 환경이 뒷받침되어야 한다. 물론 셀럽뿐만 아니라 기부자들도 현명하게 기부하는 방법을 알아야 한다. 한국가이드스타가 제공하는 공익법인 평가정보는 개인 기부자들뿐 아니라 기업들의 사회공헌활동에도 크게 도움이 될 수 있다. 공익분야 종사자는 기부자에게 기부 길잡이 역할에 최선을 다해야 한다. 많은 스타들의 사회적 책임을 다하려는 의도는 좋으나 국내외 제도를 잘 반영하여 제2의 윤지오 사태, 어금니 아빠 사건이 더 이상 없기를 바란다.

14

대기업이 선택한
공익법인들(NPOs)

 우리나라 기업이 가장 많이 기부하는 곳은 어디일까? 사회복지공동모금회와 대중소기업농어업협력재단(이하 대중소기업재단)을 손꼽을 수 있다. 사랑의 열매로 유명한 사회복지공동모금회는 대부분 알지언정, 대중소기업농어업협력재단은 잘 모른다. 이 재단은 대기업과 중소기업간 상생을 촉진하고, 공업과 함께 농어업이 동반성장을 할 수 있도록 기금을 조성해 공익사업을 펼치고 있다. 시속가능한 성장을 위해 대기업 스스로 전문 공익법인을 찾아 기부금을 내놓고 있다고 보여진다.

 사회복지공동모금회는 초창기 정치적 영향으로 다소 소란스러웠지만 지금은 한국의 유나이티드웨이(United Way)라고 불릴 정도로 우리나라를 대표하는 비영리 지원기구로 발돋음했다. 기금의

대중소기업농어업협력재단 기부금 상위 20위 현황

삼성전자	포스코인터내셔널	SK루브리컨츠	KT&G	제일건설
호반건설	SK아이이테크놀로지	한국수력원자력	SK트레이딩인터내셔널	현대건설
SK E&S	신용카드사회공헌재단	한국전력공사	삼성디스플레이	엠디엠플러스
LG생활건강	한국남동발전	한국남부발전	한국동서발전	한국중부발전

규모뿐 아니라 너무 깐깐하다는 평가가 있을 정도로 그 운영에 있어 투명성을 보이고 있다. 반면 대중소기업농어업협력재단은 일반인에게 전혀 알려져 있지 않다. 대기업이 이렇게나 많이 기부하는지 당위성도 홍보되어 있지 않다. 그러다보니 외부평가기관의 투명성도 받지 않았다.

그런데 우리나라 6대 기업(삼성전자, 현대자동차, SK하이닉스, LG생활건강, 포스코, KT)이 기부한 금액 중 48%가 사회복지공동모금회와 대중소기업농어업협력재단에 전달되었다(2022년도 국세청 공시 기준). 국세청에 표준서식으로 공시한 공익법인 수가 1만 1,435개인데 단 2곳이 거의 절반 가까이를 차지하고 있다. 이들을 제외한 일반적인 공익법인에게 기부한 비율은 25%에도 미치지 못했다.

통계를 좀 더 자세히 들여다보니 기업재단과 일반 공익법인(NPOs)을 놓고 기업간 특징이 달랐다. SK하이닉스는 그룹사 출연 재단에 자사 기부금의 55%가 전달되었다. 포스코의 경우에도 일반 공익법인에 기부한 비율이 3%에 불과하다.

SK하이닉스의 경우 사회적가치연구원, 최종현학술원, 한국고등교육재단 등 소셜임팩트 연구와 인력 양성을 위해 약 230억 원이 넘는 돈을 기부한 것으로 나타났다. 포스코교육재단이 기부받은 70억 원은 포항제철고등학고 등을 비롯한 학교운영비로 모두 배분하고 있었다. KT 또한 같은 유형인데 연간 기부금의 30%(약 23억 원)를 케이티그룹희망나눔재단에 기부하고 있다. 케이티그룹희망나눔재단의 기부금품 지출 명세서를 살펴보니 지급처명에 케이티와 자회사(케이티디에스, 케이티커머스, 케이티파워텔 등)가 많았는데, 임직원 봉사단으로 추측되는 '사랑의 봉사단', 생필품을 구입한 '취약계층을 위한 희망 BOX' 그리고 통신이라는 전문성을 활용한 '목소리복원마음TALK 솔루션 개발', '클라우드 서버 이용료' 목적으로 사용된 돈들이다. 기부한 돈이 다시 기업의 매출로 돌아가는 모양이다.

반대로 LG생활건강의 기부금 중 43%는 일반 공익법인에게 돌아갔다. 해당 통계는 기업이 기부금을 나누는 빙식을 보여준다. LG생활건강은 희망을나누는사람들, 아름다운가게, 밀알복지재단 등 다양한 중소규모 공익법인과 파트너십을 맺고 공익사업을 진행하고 있었다. 이 단체들은 공익법인 민간평가기관인 한국가이드스타에서 투명성 및 책무성, 효율성을 검증받아 별점 만점을 획득한 곳이다. 현대자동차의 경우에도 일반 공익법인들에게 기부하고 있는 비중이 41%에 달했다. 기업재단 내에서 기부금을 소화하거나, 또는 비영리 파트너에게 위탁해버리는 방식의 차이가 확연히 보였다. 현대자동차의 경우에는 함께만드는세상, 어린이재단이 투명성 평가를 받은 것으로 나타났다.

최근 보도에 따르면 국내 50대 기업이 공익법인과 파트너십을 맺은 기업이 약 64%에 달했다 한다. 소수 공익법인들이 제3자 기관에 의뢰해 투명성 평가를 받아 기부자의 신뢰를 더하기 시작했다. 기업들 입장에서보면 비영리와 파트너십을 맺을 때 불확실성이 하나 거둬진 것이다. 지속가능한 ESG 측면에서 기업이 비영리 파트너와 협업하는 것은 진정한 의미의 가치를 이루는 것이고, 비영리 파트너 또한 영리하게 한 단계 성장할 수 있는 기회이기도 하다.

그럼에도 제3자의 검증을 받은 공익법인이 많지 않고, 기업이 기부처를 선택한다 해도 기부금의 투명성 및 책무성이 양자간의 관계에서만 증명된다는 것은 아쉽다. 한국가이드스타 공익법인 평가 결과에 따르면 5대 기업이 기부한 기부처 중 일반관리비 0원, 직원 0명, 인건비 최저임금 이하 등 평가 제한 사유에 해당하는 기부처가 23%에 답했다.

기부금은 공공의 자금이다. 기부금이 공익법인에게 전달됨으로 기업이 받는 세금혜택이기에, 공공의 목적을 위해서 사용된다는 믿음을 전제로 한다. 하지만 그 믿음의 근거는 막연한 신뢰에 그치고 있다. 막연한 신뢰를 증명해내는 방법은 내부 정보를 공개해 제3자의 평가를 받는 것이다. 이미 몇몇 공공기관에서는 제3자에 의한 공익법인 평가 결과를 인용해 기부처를 선택해오고 있다.

기업 사회공헌은 기부금을 주고 끝나는 것이 아니다. 이제는 비영리 생태계의 동반성장을 위해서 기업사회공헌의 방식도 변화해

대기업의 기부금 출연 현황 (기업재단은 상위 3개, NPO는 상위 5개)

기업명	구분	공익법인명
삼성전자	기업재단	삼성생명공익재단, 성균관대학, 삼성복지재단, 호암재단, 충남삼성학원
	NPOs	한국과학기술원, 고려대학교산학협력단, 연세대학교, 제이에이코리아, 서울대학교발전기금
현대자동차	기업재단	자동차부품산업진흥재단, 아산사회복지재단, 관훈클럽정신영기금, 정석인하학원, 도농상생국민운동본부
	NPOs	(사)대한양궁협회, 더나은세상, 안전생활실천시민연합, 세이브더칠드런코리아, 한국생활안전연합
LG생활건강	기업재단	엘지연암문화재단, 성균관대학교산학협력단, 엘지연암학원
	NPOs	희망을나누는사람들, 한국사회복지협의회, 아름다운가게, 한국취약노인지원재단, 굿네이버스 인터내셔널
SK하이닉스	기업재단	숲과나눔, 행복나눔재단, 사회적가치연구원, 최종현학술원, 한국고등교육재단
	NPOs	대한핸드볼협회, 한국취약노인지원재단, 연세대학교, 어린이재단, 한양학원
포스코	기업재단	(학)포스코교육재단
	NPOs	대한체조협회, 포항문화재단, 어린이재단, 부스러기사랑나눔회, 홍익대학교세종캠퍼스산학협력단
KT	기업재단	(재)케이티그룹희망나눔재단
	NPOs	국제보건기술연구기금, 피어선기념학원, 대한적십자사, 은행나무 청소년선도장학재단, 서울대학교발전기금

야 한다. 기업이 만들어내고 싶은 사회적 영향력을 시작으로 어떤 기준으로 자선단체를 선택하고 협업할지 또한 지배구조의 일환이다. 이제 위탁 단계의 사회공헌은 시대가 지났다. 직접 비영리 파트너를 찾고, 사업을 진행하는 과정에서 기업의 사회공헌은 비영리 색채를 더해 더욱 풍부한 이야기들을 만들어낼 수 있을 것이다.

‖데일리임팩트 2023.08.25.

15

공익법인 결산서류의 현재와 미래를 톺아보다

공익법인은 사회 일반의 이익을 목적으로 설립되었기 때문에 세제상의 혜택이 주어진다. 반면 결산서류 공시 등의 의무가 부과된다. 혜택에 따르는 책임을 묻기 위함이다. 그런데 지금의 공시제도로는 유용한 정보를 얻기 어려운 부분이 있으며, 심지어 기부자에게 오해를 줄 수 있는 부분도 존재한다. 특히 결산서류 정정공시가 빈번하지만 어떤 부분이 수정되었는지 알 수 없는 섬, 기부금 및 보조금 등 공익목적사업 수익에 대한 비용 지출 내역을 작성하지 않는 점은 기부자들에게 충분한 정보를 제공하지 못한다.

이러한 제도상의 허점을 악용한 사례는 많다. 많으면 5개년도 공시자료를 모두 재공시한 경우도 있다. 사법조치의 대상이 된 몇몇 공익법인들이 언론의 지적을 받고서야 몇 년치 공시정보를 한

꺼번에 재공시한 것이다. 사후약방문이다. 게다가 수정에 따른 제재사항은 존재하지 않는다. 매년 사업보고서를 공시하는 기업의 경우 정정 공시 이후에도 최초의 내용이 남아 있으며, 최종 공시 전 자료들에는 '본 문서는 최종 문서가 아니므로 투자판단 시 유의하시기 바랍니다'라는 문구가 안내되어 있다. 투자자들의 입장에서 정보를 제공하고 있는 것이다.

미국세청(IRS)은 우리나라의 비영리법인이라 할 수 있는 면세법인들을 대상으로 990공시 양식 작성 가이드라인을 제공한다. 990양식은 법인 종류별, 주제별로 무려 18개의 양식이 있으며 학교, 병원이 작성하는 전용 양식을 제외하면 총 16개의 양식이 적용된다. 미국 최대 자선단체 중 하나인 유나이티드웨이 월드와이드가 공시한 자료는 공익사업 비용지출내역, 모금행사 비용대비 수익, 이사진 명단 및 급여 등 무려 2,646페이지(2019년 기준)에 달해, 관심 있는 기부자라면 어떠한 정보도 찾아볼 수 있다.

우리나라와 미국 비영리 법인들의 결산 공시 중 가장 큰 차이는 비용 지출에 대한 세부내용이다. 미국은 국내외 모든 공익사업 비용에 대해 세부내용을 요구하고 있지만 우리나라는 기부금품에 한하여만 세부 지출내역서를 작성하게 되어 있다. 한국 양식은 대표 지급처명과 수혜 인원, 그리고 지급된 기부금과 기부물품의 가액을 작성한다. 양식에 따르면 보조금을 지급받아서만 공익사업을 운영하는 법인은 기부금품 지출내역이 공란으로 제출된다. 보조금 지출에 관해서는 작성할 필요가 없기 때문이다. 정보 공개를 통해 시민 감시가 필요한 부분인데, 보조금은 정부와 지자체에 따로 서류를 제출한다는 이유로 깜깜이 사고가 매번 발생하고 있다.

또 다른 차이는 지배구조(거버넌스)에 관해서이다. 미국 공시 양식 중에는 지배구조, 경영관리에 대한 체크리스트가 있다. 임직원 내 특수관계인이 있는지 여부를 확인하고, 내부고발자 정책과 문서 보존 및 파기 정책 여부를 확인한다. 또 임원 및 이사 보수에 관해서 공시한다. 특히 10만 달러 이상(약 1억 3,000여 만 원)의 보고 대상 보수를 받은 전직 임원, 주요 직원 및 고액 보수를 받는 직원의 경우 부속서 J를 추가 작성한다. 급여의 세부 내역을 작성해야 하기 때문이다. 우리나라는 현재 비영리 법인 임원들의 보수는 공개되지 않고 있지만, 기업의 경우 이미 전자공시시스템(다트)에서 임원 및 직원 등에 관한 사항으로 임원들의 출생년월, 직위, 담당업

외부 회계감사 보고서 전수 확인 결과

공시년도	법인 수	결산서류상 외부회계감사를 받았다고 표기한 법인	적정 외부 회계감사 공개 법인 (한정, 세무확인서, 전문미공개 등 제외)	외부회계감사 O표기 법인 대비 적정 외감 전문을 공개한 법인 비율
2022년	11,435	3,644	2,935	80.5%
2021년	11,057	4,356	2,520	57.9%
2020년	10,514	4,089	1,951	47.7%

무, 주요 경력 및 재직기간, 그리고 개인별 보수지급금액과 선정기준까지 아주 상세히 기록하게 되어 있다.

긍정적인 점은 외부 회계 감사 보고서를 공개한 법인의 수가 늘어나고 있는 것이다. 2022년 공시의 경우, 외부 회계감사를 받았다고 표기한 법인 중 '적정의견을 받았으며 외부 회계감사 보고서 전문을 공개한 법인'의 비율이 이전 대비 크게 증가하였다. 그 이유는 2022년부터 '외부 회계감사인'과 '감사의견'을 기입하도록 양식이 변경되었기 때문인 것으로 보인다. 외부회계감사를 받은 곳과 감사 의견에 대한 정보도 작성해야 하다 보니, 관련된 정보의 정확성도 높아진 것으로 해석할 수 있다. 공시양식의 변화가 가져온 긍정적 효과다.

결과적으로 공익법인 결산서류는 공익법인을 위한 서류이다. 서류 작성을 통해 법인 내 부족한 점을 발견하고 보완해가는 과정이기 때문이다. 공익법인의 투명성을 확보하기 위해 도입된 만큼 정확한 정보를 담아내야만 의미가 있다. '복잡하고 어려운 서류라 아무도 보지 않겠지' 무심코 생각하지 말고, 공익법인 발전의 뿌리가 되기에 명확한 작성이 기초되어야 한다. 국세청과 시민사회 각계의 노력을 통해 결산서류 양식이 법인과 기부자 양측에 모두 도움이 될 수 있도록 공시 양식의 개선을 위한 노력이 꾸준히 이어지기를 기대한다.

∥데일리임팩트 2023.09.18.

내 기부금,
어떻게 쓰이는지 아시나요

제4장

더 나은 세상을 위한
걸음을 시작하자

01

남을 위해 소비해보는 것은 어떨까요

찬바람이 불어오는 계절, 연말 불우이웃돕기 모금운동이 본격화됐다. 2019년 11월 20일 사회복지공동모금회가 전국 17개 시·도지회에 '사랑의 온도탑'을 설치했다. 2020년 1월 31일까지 4,051억 원을 모으는 것이 목표라고 한다.

2018년에는 100도를 간신히 넘겼다. 그러나 각종 기부 관련 비리들로 기부 민심이 싸늘해진 데다 경기불황까지 겹쳐 점점 기부에 인색해지는 분위기다. 잇따라 터진 새희망씨앗, 어금니아빠 사건 등 기부문화 투명성을 훼손하는 기부사기 사건은 선한 마음으로 이웃을 돕고자 하는 기부자들의 마음을 더 얼어붙게 만들었다.

이러한 한국과는 다르게 미국에서 시작한 모금캠페인인 '기빙튜즈데이(Giving Tuesday)'가 전 세계적으로 성공을 거두고 엄청난 영향력을 끼치고 있다. 2019년 12월 3일 시행된 기빙튜즈데이 온라인 기부는 5억 1,100만 달러(한화 약 6,088억 원)로, 전년대비 28% 증가한 것으로 나타났다.

기빙튜즈데이, 즉 기부하는 화요일이라는 이름이 붙은 이 캠페인은 매년 11월 마지막 주 목요일 추수감사절부터 블랙프라이데이와 사이버먼데이로 이어지는 쇼핑 시즌 이후 화요일이다. 나를 위해 소비하는 쇼핑 열풍이 이어지는 것에 대한 반작용으로 남을 위해 소비(기부)해보자는 의미로 탄생했다.

2019년 기준 8년째 맞이하는 기빙튜즈데이 캠페인을 통한 온라인기부금은 2012년 처음 1,300만 달러 모금을 시작으로 2019년 약 40배 가량 증가했다. 오프라인 기부를 더 하면 2019년 예상되는 기부 금액은 약 20억 달러(한화 약 2조 3,800억 원)에 이른다.

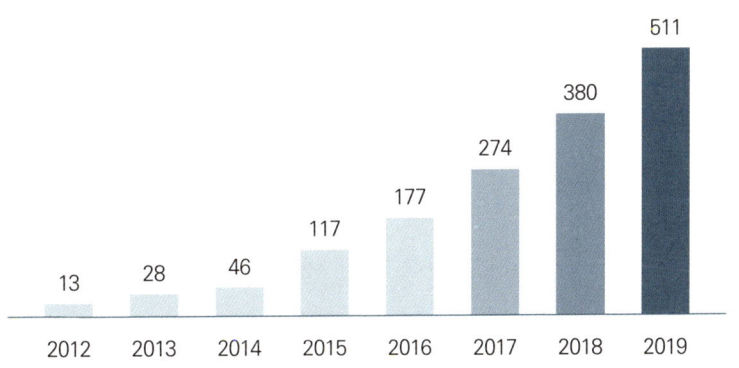

기빙튜즈데이 온라인 기부금 추이 (단위 : 천만 달러)

이처럼 일상의 기부가 정착된 미국에서 최근 자선단체들의 부익부·빈익빈 현상이 심화되고 있으며 중산층의 기부가 줄어들고 있다고 전했다. 미국 크로니클오브필랜스로피(Chronicle of Philanthropy)가 발행한 보고서 『미국인이 좋아하는 자선단체(America's Favorite Charities 2019)』에 따르면 미국에서 가장 많은 돈을 모금하는 자선단체 TOP 100의 기부금은 지난해 대비 11.3%가 상승해 492억 달러를 모금한 것으로 나타났다. 이 100개 단체는 미국 전체 기부금의 상당부분을 차지한다. Giving USA 2019에서 발표한 미국 총기부금의 8.7%를 차지하는데, 150만 개가 넘는 자선단체 중 100개 단체가 차지하는 기부금의 비율은 꽤 높다.

보고서를 좀 더 살펴보니 우리나라 사회복지공동모금회 격인 유나이티드웨이월드와이드(United Way Worldwide)가 2018년 미국인들이 가장 좋아하는 자선단체 1위를 차지했다. 그러나 전년도에 비해 현금기부 금액은 30억 달러(한화 3조 5,800억 원)로 약 7% 정도 하락했다. 유나이티드웨이월드와이드처럼 중산층 현금기부자가 많은 단체는 기부금 수입이 점점 줄어들고 있으며, 메이요클리닉(Mayo Clinic, 2위)과 같은 의료법인이나 하버드대학교(Harvard University, 5위)와 같은 학교법인처럼 주로 고액 기부자가 많은 단체는 기부금이 상승하고 있다. 이에 많은 자선단체가 중산층의 기부 감소를 만회하기 위해 부유층에 눈을 돌리고 있다고 한다.

아샤 커란 기빙투데이의 공동창업자 겸 CEO는 "관대함은 모든 인종, 신념, 정치적 견해를 가진 사람들을 하나로 모으는 핵심 특성과 가치"라고 말했다. 이어 "우리의 궁극적인 목표는 1년에 단 하루만 기부하는 것이 아니라 한 해 동안 기부에 대해 생각하고 행동하는 방식을 바꾸는 것입니다"라고 전했다.

기부 선진국인 미국과 같은 나눔과 배려를 통한 기부문화 확산을 위해서는 일상 속 유쾌하고 건강한 기부문화가 정착돼야 한다. 기부가 생활화될 수 있게 해주는 기빙튜즈데이. 가까운 미래에 한국에서도 볼 수 있기를 기대한다.

‖글로벌경제신문 2019.12.05.

02

기부 캠페인의
성공적 발전 사례

연말연시 기부의 계절이 시작됐지만, 사회 분위기는 싸늘하다. 지난해부터 불거진 최순실 국정농단 사건, 어금니아빠의 기부금 유용사건, 기부단체 새희망씨앗 횡령사건 등 각종 기부금 논란으로 인해 국민들의 기부에 대한 불신이 팽배해지며, 자선단체를 믿지 못하겠다는 '기부 포비아(Phobia)'라는 신조어까지 생겨났다.

통계청이 발표한 「2017년 사회조사 결과」에 따르면, '지난 1년 동안 기부한 경험이 있다'는 응답자는 지난 2011년 36.4%, 2013년 34.6%, 2015년 29.9%에서 2017년에는 26.7%로 급락했다. 또한 '앞으로 기부할 의사가 있다'고 응답한 비율은 2013년 48.4%, 2015년 45.2%에서 2017년 41.2%로 지속적으로 떨어지고 있다.

이렇게 기부문화가 갈수록 위축되는 이유는 특정한 사건으로

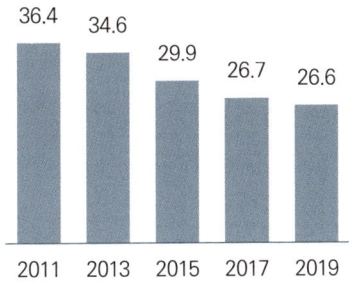
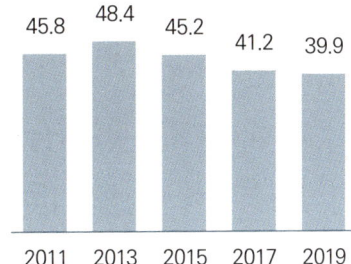

자료 : 통계청 2019 사회조사

인한 것이 아니라는 점이다. 정치·경제적으로 열악한 상황 속에 어려운 이웃에 관심이 줄어들었을 뿐만 아니라 정부에서도 기부 활성화를 위한 제도적 개선에 대한 의지가 부족했다. 또한 자선단체는 통상적 방법으로만 기부를 권유하고 기부자들도 이성적으로 기부처를 선택하기보다 감성적인 마케팅에 흔들려 기부를 하는 현실이 안타깝다.

그렇다면 자선단체의 신뢰성을 확보하고 기부문화를 활성화하기 위해 어떠한 노력을 해야 할까.

이러한 기부 시장의 위기를 타개하기 위해서는 우선 자선단체들이 변해야 한다. 단순히 기부 요청 편지를 보내고 거리 모금을 통해 자선사업을 하는 전통적인 모금방식만 고수하는 것을 탈피해야 한다. SNS(소셜네트워크서비스) 등 온라인을 활용한 모금은 기부자들이 쉽고 간단하게 기부하게 할 수 있으며, 기부자들에게 기부금을 어디에 어떻게 사용했는지 쉽게 전달할 수 있다. 기부자와의 거리를 좁히고 신뢰도를 높이기 위해 관계와 소통을 이용한 새로운 전략이 필요해졌다.

자선단체들의 노력과 더불어 정부도 기부 활성화를 위한 제도적 개선을 위해 노력해야 한다. 기부 참여율은 해마다 감소하는 반면 지정기부금 단체는 매년 증가하고 있는데 정부의 관리체계는 여전히 허술하다. 모금단체가 늘어나면서 유명무실한 자선단체도 늘어나 결국 자선단체에 대한 신뢰도를 떨어뜨리고 기부문화 활성화에 방해가 되고 있다. 기부자들이 낸 기부금이 어디에 어떻게 쓰이는지 들여다볼 수 있는 모니터링 시스템을 구축해 관리해야 한다. 또한 자선단체들의 공시 의무를 강화하고 기업의 건전한 사회공헌활동이 위축되지 않도록 이를 위한 정부의 제도적 노력이 뒷받침돼야 한다.

마지막으로 기부 자체가 즐거움이 되는 문화의 정착이 중요하다. 미국은 2017년 블랙프라이데이를 포함한 쇼핑 시즌 동안 역대 최고치인 330억 달러의 매출액을 기록했다. 또한 중국의 광군제는 하루 온라인 매출액이 한화 약 50조 원에 달했으며, 우리나라의 코리아세일페스타 역시 지난해 대비 5.1%의 성장률을 보였다.

이렇듯 정부와 기업까지 가세해서 벌이는 대규모 소비이벤트의 성과는 가파르게 상승하고 있다. 그런데 비슷해 보이는 국가별 쇼핑축제 중 미국의 블랙프라이데이가 중국의 광군제 및 한국의 코리아세일페스타와 다른 점이 하나 있다. 바로 남을 위한 착한 소비, 즉 기부를 하는 날인 '기빙튜즈데이'로 마무리된다는 것이다.

'기빙튜즈데이'는 미국의 쇼핑시즌 마지막 날인 사이버먼데이 다음 화요일이다. '나흘간 나를 위해 돈을 썼으니 오늘은 남을 위해 내 돈을 써보자'라는 취지의 온라인 기부 권유 캠페인으로 시작됐다. 2012년 1,300만 달러(약 140억 원) 기부금을 시작으로 2017년 기빙튜즈데이 하루 동안 모인 온라인 기부금은 약 2억 7,400만 달러(약 3,000억 원)로 매우 가파르게 상승하고 있다.

그렇다면 '기빙튜즈데이'가 이토록 짧은 역사에도 불구하고 빠르게 성장할 수 있었던 원동력은 무엇일까.

기빙튜즈데이의 기본 전략은 소셜미디어와 협력(Collaboration)을 통한 전파력이다. 트위터, 페이스북, 인스타그램 등 소셜미디어와 대중매체를 통해 전파되는 다양한 목소리와 영향력을 효과적으로 활용하며 성장했다. 미국의 여러 대중매체들이 '기빙튜즈데이'를 무료 홍보해 주고 있으며, 특히 버락 오바마 전 대통령은 재임기간 중인 2014년 백악관을 통해 직접 '기빙튜즈데이'의 중요성을 일깨우는 메시지까지 발표해 '기빙튜즈데이'의 성공에 견인차 역할을 했다.

오바마의 메시지가 발표된 2014년에 4,600만 달러였던 기부금은 2015년에 1억 달러를 넘더니 2017년은 2016년에 비해 무려 54%가 늘었다. 오바마 전 대통령의 백악관 메시지 사례는 재정지원이 아닌 관심과 언급만으로도 기부문화가 변할 수 있다는 것을 보여주는 단적인 예이다.

미국에서 시작되어 현재는 150여 개 국가에서 벌이는 아름다운 기부 축제인 기빙튜즈데이. 아쉽게도 아직 우리나라는 활성화되고 있지 않다. 그러나 소비와 자선을 하나의 즐거움으로 엮은 미국인들의 발상의 전환은 여러 사회적 이슈로 인해 위축되어 있는 우리나라 기부문화를 활성화시키는 단초를 제공할 수 있다.

코리아세일페스타와 함께 착한 소비활동을 위한 한국판 '기빙튜즈데이'를 도입하고 사회지도층이 관심을 보이면 어떨까. 경제 활성화를 고민하는 정부와 기부 활성화를 고민하는 비영리 분야에 모두 도움을 줄 수 있는 해법의 하나로 제안해 본다.

2014년 버락 오바마 전 대통령의 '기빙튜즈데이' 독려 메시지

THE WHITE HOUSE
WASHINGTON

November 25, 2014

Enduring change starts when each of us takes action to meet the needs of others. Over time, everyday acts of kindness build a momentum for change that drives our Nation forward. This holiday season, let us celebrate this spirit of selflessness and resolve to give back in meaningful ways.

To meet the challenges faced by the global community, we must come together to spur solutions that affect us all. Around the world, #GivingTuesday is a grassroots movement that illustrates the impact we can have when we all pull together. The investments we make—in both time and funding—can help solve the urgent problems of today and will make the next generation stronger.

By encouraging people across the globe to support their neighbors in need through acts of kindness and charitable donations, we can cultivate a sense of understanding that we are all part of something greater than ourselves.

This holiday season, I am inspired to see countless men and women giving in their own way. The response to #GivingTuesday demonstrates the enormous potential we have to leave an enduring mark not only in our communities, but also around the world.

출처 : 기빙튜즈데이 홈페이지(givingtuesday.org)

03

단 하루에 우리나라 연간 기부액의 30%를 모았다

2019년에 8년째를 맞이하는 기빙튜즈데이 캠페인을 통한 온라인 기부금은 2012년 처음 1,300만 달러 모금을 시작으로 2019년에는 약 40배 가량 증가해 5억 1,500만 달러(한화 약 6,126억 원)를 모금했다. 오프라인 기부를 더하면 2019년 예상되는 기부금액은 약 20억 달러(한화 약 2조 3,800억 원)에 이른다.

공시년도 2018년 기준 우리나라 공익법인들의 기부금 수입은 총 6조 4,800억 원이다. 우리나라 1년치 기부금 수입의 약 30%가 미국에서는 기부의 날인 기빙튜즈데이 하루 만에 모이는 것이다. 왜 이런 차이가 발생할까.

미국은 기부자 천국이라 불릴 만큼 모금단체 투명성에 대한 검증이 확실하다. 미국가이드스타, 채리티네비게이터 등 기부단체에

출처 : 기빙튜즈데이 홈페이지(givingtuesday.org)

대한 정보공개를 하는 곳이 170여 개나 되어 기부자들이 다양한 방법으로 기부 단체에 대한 정보를 쉽게 찾을 수 있다. 미국가이드스타는 자선단체들의 투명성을 검증하여 인증마크를 제공하고 있으며, 채리비네비게이터는 자선단체들의 효율성 등을 평가하여 그 결과를 전부 공개(4점~1점)하고 있다.

또한 기부단체 스스로도 투명하게 정보공개를 위해 최선을 다한다. 국제구호단체인 국제월드비전(www.worldvision.org)은 기관 홈페이지의 Financial Accountability에서 단체의 기부금수입과 비용, 그리고 국세청에 공시한 자료까지 상세히 공개하며 기부자들에게 정보를 제공하고 있는 것을 볼 수 있다.

우리나라는 2018년 공익법인 회계기준이 마련되어 투명성 강화를 위한 한걸음을 이제 내딛었다. 2019년 세법개정안에는 비영리부문 투명성 제고를 위한 방안도 다수 마련되어 투명성 강화를 위한 열망에 정부도 동의하고 있는 것으로 보인다.

기부금 횡령사건으로 인한 기부 민심을 회복하기 위해서 기부단체에 대한 정확한 정보제공과 함께 투명성 강화는 그 무엇보다 중요해졌다. 투명한 기부문화를 통해 우리나라가 기부 선진국으로 발돋움하길 기대해 본다.

‖글로벌경제신문 2019.12.05.

04

우리도 이런 날을
하나 가질 수 없을까

2021년 11월 30일, 미국에서 시작된 기부 캠페인 '기빙튜즈데이'가 10년 차를 맞이하여 최고 모금액을 달성했다. 2020년에 모금된 약 25억 원 달러의 기부금에 비해 2021년에는 9% 증가한 27억 달러(약 3조 2,000억 원)의 기부금이 모금되었으며, 약 3,500만 명의 성인들이 참여하며 전년도보다 6% 증가한 수치를 보였다. 2021년에는 기부금뿐만 아니라 자원봉사 참여도도 11% 증가하고, 의류 및 식품 등 물품 기부도 8% 증가했다. 작년에는 코로나로 인한 특별 모금에도 약 5억 300만 달러(약 6,000억 원)가 추가 모금되는 등 이 자발적인 캠페인을 통해 많은 이들이 선의를 표하고 있다.

기빙튜즈데이는 미국의 추수감사절을 맞아 쇼핑을 장려하는 '블랙프라이데이' 마케팅에 대응하기 위해 시작되었다. 블랙프라

기빙튜즈데이 참여 국가

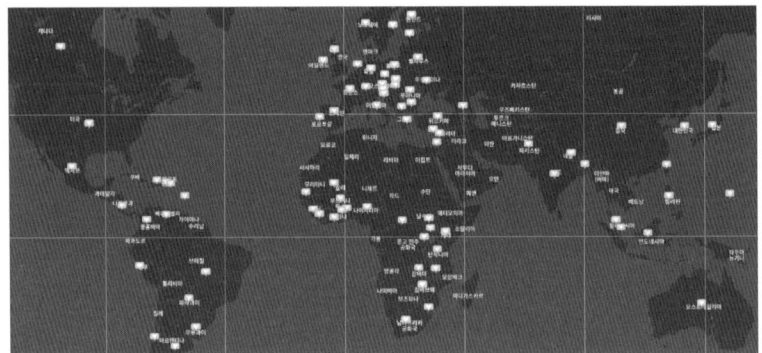

출처 : 기빙튜즈데이 홈페이지(givingtuesday.org)

이데이가 나를 위해 소비한다면, 기빙튜즈데이는 남을 위해 소비하는 날인 것이다. 이 작은 시도는 이제 전 세계 80개국이 참여할 정도로 글로벌 나눔 캠페인으로 성장했다. 11월 마지막 주 화요일, 이날은 해당 캠페인에 참가하는 모든 비영리 단체가 기부뿐만 아니라 일상에서의 모든 자선 활동을 장려한다. 현금기부, 자원봉사, 목소리 기부 등 심지어 친구들끼리 소소한 나눔 이벤트도 모두 기빙튜즈데이의 일환이다. 캠페인 툴킷을 홈페이지에서 제공하고 있어 누구든 관심 있는 이들이면 함께 캠페인에 참여할 수 있다. 소셜미디어네트워크에 #GivingTuesDay 해시태그를 남기는 것만으로도 파급력을 남길 수 있는 것이다.

특히 2021년에는 '협업'이 큰 주제였다. 일부 비영리 단체는 다른 조직을 위해 기금을 조성하거나, 플랫폼을 사용하여 다른 자선단체의 비전과 미션을 홍보하기도 했다. 기부의 날 공동 창립자이자 비영리단체 기빙튜즈데이의 CEO인 아샤 커런(Asha Curran)은 "이번 기빙튜즈데이는 2년간 코로나로 암울했던 세상에 빛을 밝히는 기회였다. 수백만 명이 자신의 공동체와 공익을 위해 의미 있는 영향력을 만든 것이다"라며 감사의 마음을 전했다

기빙튜즈데이 캠페인은 미국 버락 오바마 전 대통령이 메시지를 발표했을 만큼 정부에서 주목받고 있다. 정부의 메시지는 큰 재정지원이 아니더라도 기부 참여의 기폭제가 될 수 있다는 점에서 큰 의의를 갖는다. 정부의 지원과 비영리단체와 기업, 학교 등이 이 캠페인을 모멘텀 삼아, 미국의 기부문화에 활력을 불어넣은 것이다. 한편, 우리나라 정부도 2021년 11월 23일 발표한 시민사회 활성화 계획에서 '기부주간'을 지정하는 등 유사한 방법으로 나눔 분위기를 확산하는 방안을 마련하고 있다. 시민사회와 협력하여 한국판 기빙튜즈데이를 만들겠다는 것이다.

이에 시민사회가 가장 먼저 준비해야 할 것은 '기부금에 대한 신뢰'이다. 기부금 횡령, 사기 사건이 주기적으로 일어날 때마다 기부자들은 자신의 기부에 대한 믿음이 흔들리곤 한다. 기부금을 투명하고 책임감 있게 사용하고 있다는 것을 증명하는 방법은 제3자에 의한 평가를 받는 것이다. 외부회계감사, 한국가이드스타의 평가

등 다양한 관점과 기준으로 기부자에게 평가 결과 정보를 제공할 수 있다.

투명한 기부 환경을 조성하는 것은 기부자들이 주도적으로 공익사업에 뛰어드는 발판을 마련해주는 것과 같다. 우리나라에서도 누구든 즐겁게 기부문화에 참여할 수 있도록 한국판 기빙튜즈데이가 만들어지길 기대한다.

‖조선일보 2021.12.21.

05

화요일을 특별하게, 기빙튜즈데이!

2021년 10년 차를 맞이한 기빙튜즈데이는 단 하루 만에 약 4조 원(31억 달러)의 기부금을 모았다. 전년대비 15% 가량 늘어났고, 2020년 코로나 시대 이후로 25%가 증가했다. 10년 전 첫 캠페인에서 약 168억 원의 기부금이 모였던 것을 비교하면 엄청난 성장이라 할 수 있다. 미국에서 시작한 기부의 물결은 현재 85개국 이상이 참여했고, 2021년에는 부르키나파소, 코트디부아르, 키프로스, 콩고민주공화국, 에스와티니, 짐바브웨 등 아프리카 일부 국가들도 공식 합류했다.

 기빙튜즈데이는 단순한 현금 기부만을 말하는 것이 아니다. 타인에 대한 관심으로부터 시작한다. 지구를 위해 쓰레기를 줍고, 주방과 냉장고를 공유하고, 무료 뜨개질 수업을 여는 것, 심지어 지인

기빙튜즈데이에 참여하는 여러 가지 방법들

출처 : 기빙튜즈데이 홈페이지(givingtuesday.org)

들에게 긍정적인 표현을 해주는 것 또한 모두 캠페인의 일환이다. 그 결과 우크라이나에서는 1,000여 명의 사람들이 참여하는 온라인 기부 축제를 만들었다. SNS에서 친절한 말을 나누고, 지역 단체에 기부하고, 착한 일에 대한 글을 공유했다. 파키스탄에서는 70명의 자원봉사자가 홍수 피해 지역에 방문해 지역사회에 필요한 물품과 서비스를 지원했다. 더 나아가 난민 지원을 위한 연합 캠페인이 시작되었는데 레바논, 그리스, 세르비아, 보스니아, 프랑스, 그리스 및 영국에 속해 있는 풀뿌리 공익단체들이 모여 난민 지원의

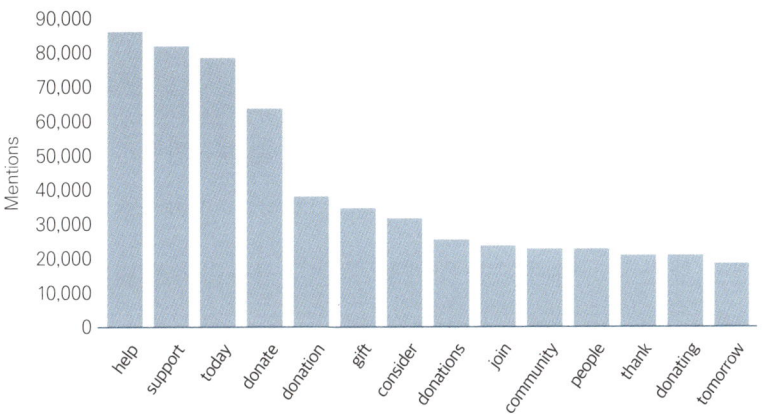

기빙튜즈데이에서 가장 많이 언급된 키워드

필요성을 알리는 #MoreThanSurvival 운동을 시작했다.

개인이 참여하는 십시일반의 기부 릴레이는 정부와 기업이 주도한 것과 그 참여도가 다르다. 2020년 경희대학교 학생 3명이 코로나 최전방에서 일하는 의료진, 소방관 등을 지원하기 위해 오픈채팅방을 열고 모금을 시작했다. 순식간에 전국 대학으로 퍼졌고 한 달 만에 17개 대학에서 2억 7,000만 원을 모았다. 트로트 가수 임영웅 팬클럽은 그의 생일 때마다 1억 원 이상의 전국 기부 릴레이를 보이고, 김호중 팬클럽에서는 이틀 만에 1억 원의 기부금을 모았다. 그들의 기부는 자발적이고, 커뮤니티에서 확산되며, 목표를 뛰어넘는 기부문화를 만들어 낸다.

이러한 움직임이 계속되기 위해서는 자유롭게 모금하고, 기부할 수 있는 환경을 조성해야 한다. 기빙튜즈데이 본부에서는 홈페이지에서 참여 방법을 배포하고 적극적인 온라인 모금을 강조하고 있다. 중소기업, 재단, 학교, 아동청소년 등 제한 없이 캠페인에 참여할 수 있고 다양한 참여 아이디어를 제시한다. 가장 중요한 단계는 '확산'이다. 마이크로소프트 창업자 빌 게이츠, 방송 진행자 엘런 디제러너스 등 국제적 유명 인사들이 소셜미디어에서 #GivingTuesDay를 사용해 더 많은 사람이 참여할 수 있도록 도움을 주고 있다.

나눔의 계절이 왔다. 통계청에 따르면 기부하지 않는 이유 1위는 '경제적인 이유'이다. 그럼에도 불구하고 2022년 발생한 전쟁과 태풍, 지진 등 예상치 못한 재난들로 전 국민이 이재민에게 도움의 손길을 뻗었다. 큰 금액이 빠른 시간 내에 모일 수 있었던 것은 모든 이의 마음에 '선의'가 살아있기 때문일 것이다.

정부는 시민사회 활성화 계획을 통해 기빙튜즈데이와 유사한 '기부주간'을 지정하여 나눔 물결을 이어 나가겠다는 계획을 발표했다. 그러나 대통령도, 장관도, 어느 국회의원도 적극적으로 나서지 않았다. 지역 커뮤니티와 밀접한 시민단체들을 중심으로 일상적으로, 자발적으로 기부 활동을 진행될 수 있도록 판을 깔아주는 것이 정부의 역할이다. 긴급한 재난이 아니더라도 국민들의 선의를 한데 모을 수 있는 분위기를 활성화시켜 대한민국의 기부 온도를 따뜻하게 높여주길 기대한다.

　나를 위해 소비하는 '블랙프라이데이'는 도입됐는데 남을 위해 소비하는 '기빙튜즈데이'도 이 참에 같이 도입하면 어떨까. 전 세계 85개국이 펼치는 이 캠페인에 한국이 빠져 있어 자못 아쉽기만 하다.

‖데일리임팩트 2022.12.05.

06

사이비 공익법인이
기업을 파고들게 해선 안 돼

예전 직장에서 기부와 관련된 회의가 열렸다. 일부 임원이 그 목적이 애매모호하고 금액도 크다고 얘기하자 기부 담당 임원이 그냥 넘어가자고 했다. 다른 그룹도 알아보니 다 하기로 했다는 것이었다. 묻지마 기부가 결정됐다.

전경련에서도 종종 기부와 관련해 주요 그룹의 임원들이 모였다. 연말 불우이웃돕기 성금을 얼마로 할지 등 통상적인 것들도 있지만 외부의 청탁에 의한 특별한 모금 활동도 있다. 대개는 원안대로 통과된다. 일부의 불만이 있지만 대세에 따른다. 특별한 사정이 대세다. 이심전심으로 깜깜이 기부가 결정됐다.

투명성이나 효율성 같은 기준이 없이 통과시킨 기부행위가 화근이 되어 회장이 곤욕을 치르게 된다. 그런데 사법처리를 당하는 경우는 마찬가진데 기부에 관해서는 제도적 제한이 없다. 공익법인에 대한 주식출연을 규제하는 정도다. 이 틈새를 사이비 공익법인이 파고든다. 묻지마, 깜깜이 기부가 성행하는 이유다.

우리나라에서 기업은 최대의 기부자이다. 묻지마나 깜깜이같이 바깥에서 행사되는 기부자로서 권리를 기업이 되찾아 와야 한다. 기부하고 싶은 곳을 찾아서 자발적으로 기부행위가 일어나야 한다. LG의인상 같은 것이 대표적이다. 기부 금액이나 대상을 기업이 스스로 정한다. 아무도 LG가 의미 없는 일을 했다고 얘기하지 않는다. LG의인상을 받은 분들이 자신들보다 더 어려운 곳을 향해 기꺼이 그 상금을 기부하는 사례도 많다. 기업의 기부행위가 제2, 제3의 기부를 유발하는 소위 기부의 선순환이 만들어진다. 그러나 그보다 훨씬 많은 돈을 기부하고도 기업인들은 욕을 먹고 심지어는 기부했다는 이유로 옥살이를 하기도 한다. 모든 것이 기부자로서 자기 권리를 포기한 대가(代價)다.

최근 정의기억연대, 나눔의집, 지상의빛과 같은 공익법인들의 기부금 횡령 의혹에 대해 기부자들의 후원금 반환 소송이 있었다. 듣기만 해도 치가 떨리는 새희망씨앗이나 어금니 아빠 사건도 기부와 관련된 것이었다. 기부자들은 그래서 분노했다. 그러나 소송이나 분노만으로 기부와 관련된 비리를 막을 수 있을까. 기부자들의 자부심도 살리고 시민운동가들의 명예도 드높일 방안이 없을까. 이

물음에 대한 첫 번째의 정답은 기부자들의 자기 권리 찾기다.

　분노하고 궐기하고 소송하는 것만이 기부자들의 할 일은 아니다. 법인 기부자들은 이렇게 해서는 안 된다. 기업에게 소홀함과 게으름은 배임이나 마찬가지다. 전담 직원을 두고도, 심지어는 고위 임원으로 기부 담당자를 지정하고도 묻지마, 깜깜이 기부가 일어나는 것은 무능하다고 할 수밖에 없다. 회장이 구속될 수도 있는 일을 저지르고도 무사할 수 있다면 그 기업의 장래는 불을 보듯 뻔하다. 기부자의 권리를 되찾아야 한다. 이를 위해 모금단체의 투명성을 따져야 한다. 기업을 위해 꼭 필요하다. 회장을 위해서도 꼭 필요하다.

　차제에 정부의 보조금이나 기업의 기부금 지출 시 공익법인의 투명성을 짚고 넘어가도록 의무화할 것을 제안한다. 이것은 강제할 것이 아니라 문화로 정착돼야 우리 사회의 기부문화도 업그레이드될 것이고 공동체도 발전할 수 있을 것이다.

　돌이켜 보면 우리는 공익법인의 부적절한 경영으로 초래된 위기를 여러 차례 겪었다. 그에 따른 사회적 비용도 엄청나게 치렀고 기업들도 큰 피해를 보았다. 비슷한 예로 아웅산 순국사절들을 위해 조성된 일해재단은 전두환 개인의 축재수단으로 변질됐다. 이 때문에 우리 사회는 5공 청산이라는 과제를 아직도 해결하지 못하고 있다. 일본군 위안부의 문제를 해결하기 위해 설립된 화해치유

기부자의  알 권리

(Donors' Rights)

인류애와 시민의식은 공익을 위한 자발적인 기부의 토대이다. 기부문화가 활성화되기 위해서는 비영리와 공익적 활동에 대한 시민의 이해도와 신뢰 기반이 튼튼해져야 한다. 우리의 소중한 기부자들이 다양한 비영리활동을 하는 기관과 단체들을 믿고 지원할 수 있도록 우리는 다음과 같이 기부자의 알 권리를 선언하고 채택한다.

1. 기부자는 단체의 비전과 사명, 그 목적 달성을 위해 모금된 자원의 효율적 관리와 사용 방법, 이와 관련한 단체의 관리 역량에 대해 알 권리가 있다.
2. 기부자는 이사회의 구성원이 누구인지, 이사회가 사회적 책임성을 갖고 신중한 결정을 할 것을 기대하고 요구할 권리가 있다.
3. 기부자는 단체의 재무보고 및 사업 연례보고를 열람할 권리가 있다.
4. 기부자는 자신의 기부금이 목적사업에 맞게 사용되는지 확인할 수 있는 권리가 있다.
5. 기부자는 자신의 기부금이 잘 수령되었다는 확인을 받을 권리가 있다.
6. 기부자는 법이 정하는 바에 따라 개인 및 기부 정보의 비밀을 보장받을 권리가 있다.
7. 기부자는 단체의 모든 업무담당자들과의 관계에서 전문성을 기대할 권리가 있다.
8. 기부자는 기부 요청자가 자원봉사자인지, 직원인지, 혹은 고용된 모금활동가인지를 알 권리가 있다.
9. 기부자는 기관이 공유하고자 하는 메일링 리스트에서 자신의 이름의 삭제를 요구할 권리가 있다.
10. 기부자는 기부 시 자유롭게 질문할 권리가 있고 즉시 거짓 없는 응답을 받을 권리가 있다.

[기부자의 알 권리 사용법]

이 문서는 기부자들에게 자선과 공익을 위한 신뢰의 기반을 제공하기 위해 한국모금가협회에서 작성하였고 공익캠페인위원회에서 채택하였습니다. **단체의 홈페이지와 각종 인쇄물 등에 '기부자의 알 권리'를 제시함으로써** 기부자와의 신뢰를 견고히 하는 동시에 **각 조항의 내용들이 단체에서 잘 이행될 수 있도록 단체 내부의 행동원칙들을 보완**하기를 권장합니다. [2017.12.18.]

-믿을 수 있는 기부를 위한 공익캠페인위원회-

출처 : 한국모금가협회 홈페이지(www.kafp.or.kr)

재단은 역으로 한·일 간에 씻을 수 없는 앙금을 남겨 버렸다. 그리고 두 나라 관계는 동맹이라 할 수 없을 정도로 훼손됐다. 만약 일해재단이 순국사절들의 얼을 기리는 고귀한 법인으로 존재했다면, 화해치유재단이 한·일 간의 숙제를 푸는 생산적 기구로 작동했더라면 우리 사회가 안고 있는 지금 같은 갈등관계는 상당부분 해소됐으리라고 본다.

공익법인을 둘러싼 몇 가지의 사례를 보면서 우리는 새삼 공익법인의 설립 취지와 지향하는 가치, 투명성과 효율성이라는 대원칙의 중요성을 실감하게 된다. 그리고 이를 담보하는 제도와 규정이 제대로 정비되고 지켜지는 것이 사회적으로 얼마나 큰 의미가 있는 것인지를 실감하게 된다.

주인 없는 돈은 인간을 유혹한다. 이 유혹에 넘어가는 것은 인간의 본성이다. 여기에 제도의 필요성이 생긴다. 제도는 규제와 다르다. 유혹의 뿌리를 잘라낼 수 있다면 활동가들은 영웅이 되고 공동체는 생기를 얻게 된다. 기부자들의 자기 권리 찾기는 공동체의 지속가능한 발전을 위한 소중하고도 든든한 자산이 될 것이다.

‖반론보도닷컴 2020.06.22.

07

공익법인의
신탁이사회 구성을 제안한다

　국고보조금 비리를 척결하기 위한 정부의 대책이 연일 발표되고 있다. 이에 따라 보조금을 타 쓰는 시민사회단체들도 투명성에 비상이 걸렸다. 윤석열 대통령은 시민단체의 보조금 비리를 '부패와 이권의 카르텔'로 규정하고 이는 혈세의 낭비일 뿐 아니라 미래세대에 대한 착취행위라고까지 말했다. 백 번 들어도 옳은 말이다. 그동안 정부가 보조금 비리를 알고도 방관하고 있었다면 국민에 대한 배신행위라고도 할 수 있다.

　정부의 의지가 워낙 강해서인지 현장에서도 기부금, 보조금 운용을 투명성의 준거에 맞추려는 움직임이 보인다. 4월에 이미 완료된 올해의 공익법인 투명성 평가를 지금이라도 받겠다는 요청이 한국가이드스타에 잇달아 들어왔다. 예년에는 없던 일이다.

공익법인의 비리는 우리나라에만 있는 것은 아니다. 기부천국 미국에서도 1960년대까지는 공익법인이 세금을 피해가는 창구로 인식될 정도로 비리가 많았다. '레이놀즈'라는 유명인은 여러 개의 암 기금 모금단체를 만든 뒤 30년 동안이나 온갖 수법으로 모금을 했다. 그런데 암 환자에게 쓰인 돈은 모금액의 3%도 채 안되고 개인비용으로 유용한 돈이 2,000억 원이 넘었다. 못된 것만 배웠는지 우리나라에서도 판박이가 있었다. 공익법인 '새희망씨앗'은 모금한 돈 128억 원 가운데 126억 원을 외제차 구입, 해외 골프, 아파트 구매 등에 탕진했다가 법의 철퇴를 받았다. 윤미향 사건도 그 짝퉁이다.

공익법인의 비리를 없애기 위해 미국은 꾸준히 제도를 정비해 왔다. 공익법인들의 거센 반발이 있었지만 1969년의 세금개혁법(Tax Reformed ACT)으로 투명성과 책무성을 보장하기 위한 규제를 도입했다. 이를 기반으로 미국의 비영리 단체들은 IRS990 양식에 의거 12페이지 분량의 필수공시양식에 참고서류를 첨부해 국세청(IRS)에 제출하고 있다. 이 속에는 한 해 동안의 사업내용과 기부금, 보조금 사용 내역을 모두 공개하고 있다. 심지어는 상위 연봉자의 연봉까지 공개되고 있다. 우리도 회계 투명성 등 당면의 과제가 해결되면 공익법인이 사업목적에 맞게 운영되고 있는지에 대한 책무성 평가로까지 발전시켜야 한다. 독감에 항생제 처방뿐만 아니라 체질개선 요법까지 권고받는 것과 같은 이치라고 보면 된다.

정부의 정책이 효과를 거두기 위해서는 기업의 협조가 있어야 한다. 우리나라 기업들이 설립한 공익재단은 기업 사회공헌의 첨병으로 적극적 역할을 해왔다. 그러나 때로는 경영권 승계의 수단으로 편법 운영되어 왔다는 의혹에 휩싸이기도 했다. 이로 인해 몇 년 전 대기업 산하의 거의 모든 공익재단이 공정거래위원회의 제재를 받기도 했다. 거기다 기업재단은 재벌가 사모님의 장식품이나 다름 아니라는 비아냥도 있었다. 기부금 지출에도 투명성에 대한 기준 없이 권력의 요구에 따르다보니 기부하고도 사법처리되는 우스운 일까지 생겼다. 이 모든 것이 기업 사회공헌의 이름으로 집행되니 돈은 돈대로 쓰고도 제대로 된 평가를 국민들에게 받기 어려웠다.

차제에 기업이 가지고 있는 공익재단의 경우 '신탁이사회'를 구성해볼 것을 제안한다. 이는 법에 의해 강제되지 않고도 진정성만 있다면 충분히 검토될 만하다. 기부한 사람이 아니라 기부자의 뜻을 구현해줄 수 있는 사람이 공익법인을 운영하는 방식이다. 이렇게 구성된 신탁이사회를 통해 기업은 국민들 사이에 사회공헌의 진정성을 확보할 수 있을 것이다. 참고로 영국 정부는 공익법인에 대한 지침서를 통해 신탁이사회의 가이드라인을 제시해주고 있다. 기업이 솔선해 신탁이사회가 정착된다면 이는 다른 공익법인으로까지 확산될 수 있을 것이고 궁극적으로는 비영리 전반에 투명성과 책무성이 향상되는 선순환의 효과를 기대할 수 있다.

공정거래법상 특수관계인 제도를 공익법인 운영에 도입할 수도 있을 것이다. 특정 공익법인 종사자가 그 법인과 연관된 공직으로 취임하면 자동으로 그 단체에 대해 유관부처의 보조금 지급을 중단시키자는 것이 제도의 골자다. 시민운동의 지도자들이 유관부처의 장으로 들어와 자기가 몸담았던 공익법인에 보조금을 퍼주는 악습이 근절되는 효과가 있을 것이다. 공무원들의 시민단체 눈치보기도 막을 수 있는 제도라고 생각한다. 또 돈과 자리를 노린 시민운동 지도자들의 일탈도 막을 수 있을 것이다.

투명성은 해결되어야 할 사건이라기보다는 스며들어야 할 문화로 보아야 한다. 단속과 처벌에 의존하는 투명성은 오래가지도 자리잡지도 못한다. 스스로 지키고 가꾸어 문화로 정착되어야 시민운동 본래의 아름다운 모습을 빛나게 해줄 수 있다.

∥데일리임팩트 2023.06.23.

08

기부하면 면죄 되나

정부가 기부금 모금액과 사용내역 공개 의무를 강화하는 법안을 재입법한다고 한다. 당초 개정안에는 모집자의 모집 현황과 사용명세를 기부자의 알 권리로 명문화하고 기부자가 궁금해 할 때 성실하게 응대해야 한다고 규정했다. 그러나 기준이 모호해 졸속입법이라는 지적이 있었다. 모집자가 사용내역을 공개해달라는 기부자의 요구를 받아들이지 않더라도 현행법상으로 제재할 근거가 없었기 때문이다.

수정안의 요지는 기부자가 기부금 단체의 공개 자료만으로 기부금품 사용내역을 파악하기 어렵다고 판단하는 경우 추가 공개를 요청할 수 있고, 기부금 단체는 14일 이내에 기부한 내역이 기재된 별도 공개 서식을 제공해야 하는 등 정부는 좀 더 구체적인 개정안을 내놓았다.

 2016년 국정농단 사태에 이어 2018년 '어금니 아빠' 사건과 '새희망씨앗' 사건 등 기부금 횡령 사건과 2019년 초 '동물권단체 케어' 안락사 논란 등 기부포비아 현상이 들끓자 기부금 사용에 관해 투명성을 높일 방안을 고심해 오다 애매모호한 기준을 보다 명확히 한 것이다.

 이러한 기부금을 둘러싼 부당한 사건의 재발을 막고 공익법인이 본연의 목적 활동에 중점을 두고 투명하고 성실히 활동할 수 있도록 정부는 관련 제도들을 지속적으로 발전시켜 왔다. 하지만 사

새희망씨앗 기부 피해자 모임 네이버 까페

출처 : 새희망씨앗 기부 피해자 모임 네이버 까페(cafe.naver.com/childrensbusiness)

회적인 이슈가 발생했을 때 그 상황을 모면하려는 사회지도층들의 기부 약속은 기부의 본래의 뜻을 훼손시켜 건전한 기부문화 발전을 더디게 하고 있다.

대부분의 기업 총수들은 사법처리를 받을 때마다 공익재단을 만들어 왔다. 삼성꿈장학재단이나 현대차정몽구재단 등이 그 예이다. 삼성꿈장학재단은 이른바 삼성 X파일 사건 등에 대한 도의적 책임으로 이건희 회장이 사회에 헌납한 8,000억 원을 재원으로 2006년 설립됐다. 삼성 측은 당시 X파일 등에 대한 도의적 책임으로 재산을 환원한 만큼 재단 운영에 일절 관여하지 않겠다고 약속했다.

그러나 이건희 회장에 대한 사법처리와는 별개로 삼성꿈장학재단을 출범시키고 그 운영에 독립성을 보장하는 사회 환원을 결정했더라면 본래의 취지가 더 빛나고 사회적 찬사를 받았을 텐데 하는 아쉬움이 크다. 결과적으로 재단은 재단대로 사회에 출연하면서 그 뜻은 제대로 평가받지 못하고 오히려 총수의 사법조치와 기부행위를 맞바꾼 게 아니냐 하는 의구심만 증폭시켰다.

삼성뿐만 아니라 현대자동차그룹도 2006년 현대글로비스 비자금 사태 직후 1조 원의 사재 출연을 약속했다. 이 중 6,500억 원을 현대차정몽구재단에 주식 기부 방식으로 출연했다. 삼성꿈장학재단과 마찬가지로 개인 재산을 공익재단에 기부해 공익목적으로 사용한다는 게 재단 설립 이유다.

　이 역시도 정몽구 회장의 사법처리와 연계돼 1조 원을 출연해 공익사업을 한 것이 아니냐는 지적이 일었다. 더욱이 현대차정몽구재단 기부금은 대부분 현대글로비스 주식이기 때문에 주식을 현금화하여 목적사업에 사용하는 것이 어렵다. 1조 원 기부 약속을 지키는 동시에 그룹 지배력도 잃지 않는 방법을 교묘하게 선택한 것이다. 결국 기부의 타이밍과 방식 때문에 거액을 기부하며 실천하고자 했던 큰 뜻이 상당부분 훼손되고 말았다.

　이렇듯 기업 총수들이 사법처리를 피하기 위한 고육지책으로 사회 환원을 택하는 것은 단기적 대책으로는 도움이 될지는 몰라도 이를 바라보는 국민들의 인식은 부정적이다. 단지 국민들의 따가운 질책을 잠시 피하기 위한 것이 아닌 진심에서 우러나오는 노블레스 오블리주 실천이 필요하다.

　2019년에도 비영리법인인 웅동학원과 사모펀드를 둘러싼 논란이 일자 당시 조국 법무부 장관 지명자는 자신의 자산을 사회에 기부하겠다는 의사를 표시했다. 김의겸 전 청와대 대변인도 자신을 둘러싼 투기 의혹에 맞서 수익금 전액을 사회에 기부하겠다고 공개적으로 표명했다. 그러나 이 또한 과거 일부 재벌들의 기부 행위와 뭐가 다르냐는 조소가 잇따랐다. 사법처리를 앞두고 면죄부를 받듯이 기부행위를 자신의 고위직 임명과 공직선거 출마와 연계시킨다면 그 순수성은 의심받을 수밖에 없다. 기부가 기부를 낳는 선순환이 끊어지고 기부는 자신의 이익을 지키기 위한 것이라는 인식이 퍼져 오히려 기부문화 자체를 위축시킬 수 있다.

지난 2018년 공익법인회계기준이 제정·시행됨에 따라 공익법인과 관련된 제도들도 변화를 맞이했다. 2019년 정부는 비영리 투명성을 둘러싼 우리 사회의 달라진 분위기를 반영하듯, 공익법인에 새롭게 적용될 세법 개정안을 확정하였다.

공익법인이 본연의 활동에 집중할 수 있도록 제도와 환경이 뒷받침되어야 하는 것은 물론 기부자들의 기부에 대한 인식도 변화해야 한다. 세계 경제 수준 10위권인 우리나라가 현재 세계기부지수는 60위권이다. 기부 인식 변화를 통해 기부 후진국에서 벗어나 기부 선진국으로 발돋움하는 원년이 되기를 기대해 본다.

∥글로벌경제신문 2020.01.09.

09

기부에 정답이란 건 없다

"부동산 차익은 모두 기부하겠다."

한국토지주택공사(LH) 사태를 시작으로 정치권에 부동산 투기 의혹 기사가 잇달아 터지고 있다. 관련 정치인들은 한결같이 투기가 아니라며 차익은 모두 기부할 것이라고 결백함을 알리고 있다. 부동산 투기 외에도 공직 후보자들이 문제를 제기 받은 비합리적인 수입에 대해서도 전액 기부를 하겠다는 사례가 종종 발생했다. 이처럼 뜨거운 논란이 있을 때마다 정치인들은 기부를 약속하지만, 결과적으로는 여러 가지 핑계로 기부하지 않거나 또는 약정한 금액보다 적은 금액을 기부한 적이 잦았다. 그동안의 사례를 살펴보면 이렇게 예상한 이유도 알 수 있을 것이다.

2008년 2월, 유인촌 전 문화체육관광부 장관은 후보자 시절 100억 원대의 재산 기부를 약속했다. 하지만 2년이 지난 후, 한 의원의 지적에 죽기 전에만 하면 되지 않느냐고 답변했다. 2013년 3월, 법무부 장관 인사청문회에서 전관예우 논란이 일었던 황교안 전 국무총리는 기부 의사를 밝혔었다. 이후 고액 수임료에 비해 적은 기부 액수는 한 차례 더 이슈가 되곤 했다. 2019년 12월, 흑석동 부동산 차익 논란으로 매각 차액을 기부하겠다던 김의겸 전 청와대 대변인. 그는 시세차익인 8억 8,000만 원의 절반 수준인 3억 7,000만 원을 한국장학재단에 기부했다. 2020년 11월, '가족펀드' 의혹이 제기된 펀드를 모두 기부하겠다고 한 조국 전 법무부 장관의 기부 소식은 아직 찾아볼 수 없다. 오히려 펀드 잔액이 0원이라 발표하며 그의 기부 약속은 없던 일이 되었다.

출처 : 대한민국 국회 홈페이지(www.assembly.go.kr)

정치인들의 이슈는 매년 발생하고, 기부를 약속하고, 그리고 다시 잠잠해지고 있다. 이렇듯 눈앞에 닥친 이슈를 해결하기 위해 정치인들이 기부 공약을 선택한 까닭은 무엇일까.

첫째, 기부 공약을 통해 관심을 돌릴 수 있기 때문이다. 선거철만 되면 선심성 공약이 남발되고 있듯이, 기부 공약도 그러하다. 당장의 문제를 수습하기 위해서 일단 듣기 좋은 말을 내세우는 것이다. 공약의 근거와 예산을 확인하는 토대로 하는 '매니페스토'가 확산해야 되듯, 기부 공약 또한 그 시기와 방향에 대해 명확한 목표가 있어야 한다. 기부가 자신의 무죄를 증명하는 조건부 기부가 되어서는 안 될 것이다.

둘째, 기부의 결과를 감찰하는 감시자가 없기 때문이다. 언론은 현재의 이슈를 떠들썩하게 양산하며 사람들의 이목을 이끌어가지만, 그 후속 보도의 비율은 급감하게 된다. 이에 따라 국민들 또한 다른 이슈에 파묻히며 실제 기부 여부에는 관심이 없어지기 마련이다. '기부'를 공수표로 활용하는 이들이 많아지지 않도록, 국민들은 정치인들의 기부 약속을 비판적으로 받아들이며 높은 기부 의식이 필요하다.

셋째, 결국 기부를 하더라도 손해가 아니기 때문이다. 고액 연봉을 받는 경우 기부금은 세액공제 혜택을 받기 위해 적극적으로 활용되기도 한다. 세금을 내는 것보다 기부금을 내는 것이 세금 감면에 큰 도움이 되는 경우가 있기 때문이다. 특히 자신과 특수관계에 있는 재단에 기부하면서 그에 대해 지배력을 강화하는 수단이 되기도 한다.

'기부'의 동기는 다양하기에 어느 것이 정답인지 아닌지는 판단할 수 없다. 하지만 윤리적으로 때 묻은 돈을 기부하는 것은 문제가 될 수 있다. 때로는 범죄자들이 감형을 노리며 꼼수를 활용하기도 하며, 담배회사들이 로비를 위해 암 관련 재단에 기부하기도 한다. 기부금이란 어떠한 반대급부 없이 이루어지는 것이다. 정치인들 또한 '기부'를 이용해서 투기와 탈세에 대한 면죄부를 받아선 안 된다.

2022년 4월, 지방자치단체장들의 투기 의혹이 짙어지면서 국민들의 원성을 잠재우기 위해 여전히 기부를 내세우고 있다. 똑같은 일이 반복되지 않도록 언론과 국민들의 높은 비판의식이 필요한 시기이다.

‖데일리임팩트 2022.06.30.

10

공익법인과 정치

얼마 전 장관과 교육감을 지냈던 이가 설립한 공익법인이 정부보조금을 배돌리다 적발되었다. 이곳의 대표는 일하지 않는 '유령 상담원'의 계좌로 들어온 급여를 자신의 계좌로 이체하는 수법으로 1억 원 이상을 배돌렸고, 상담 시스템을 유지·보수한다는 명목으로도 약 6억 원 가량을 배돌렸다고 한다. 여가부는 이 공익법인에 지난해까지 국민의 세금으로 이루어진 보조금 약 88억 원을 지급했다고 한다.

정치자금과 관련해 검찰의 수사를 받고 있는 성남FC 사건에는 '희망살림(현 롤링주빌리)'이라는 공익법인이 등장한다. 서민들의 빚 탕감을 목적으로 설립된 이 법인이 왜 후원금의 대부분을 축구단 광고비로 지출했는지 참으로 궁금하다. 또 다른 공익법인인 아태평화교류협회 역시 쌍방울 등으로부터 약 9억 원을 기부 받았지만, 그 사실을 결산 공시하지 않았다. 아태평화교류협회는 관련 의혹에 대한 검찰 수사가 시작되자 2022년 10월 5일 부랴부랴 과거의 결산 공시를 수정해 모두 재공시했다.

조금만 더 거슬러 올라가 보면 현직 국회의원이 연루된 정의기억연대 역시 2020년 5월 회계부정 의혹이 불거져 재판이 진행 중이며, 광복회의 기부금 유용도 그 연장선에 있다. 박근혜 정부 시절의 미르·K스포츠 재단은 정권의 퇴진을 불러올 정도로 그 충격파가 강했다.

정치에 휘둘린 일부 공익법인들의 기부금과 보조금 유용, 그리고 회계 부정 사태로 인해 본연의 공익사업을 묵묵히 수행하고 있는 단체들까지 의심의 눈초리를 받고 있다. 참으로 안타까운 일이다. 이러한 일들이 지속적으로 반복되기 때문에 여전히 우리는 기

아태평화교류협회의 재공시

번호	구분	공익법인명	공익사업 유형	사업연도 종료년월	최초 공시일자	재공시일자	재공시 여부
1	표준서식	사단법인 아태평화교류협회	문화	2019-12	2021-04-23	2022-09-06	재공시
2	간편서식	사단법인 아태평화교류협회	문화	2021-12	2022-06-16	2022-09-06	재공시
3	표준서식	사단법인 아태평화교류협회	문화	2020-12	2021-04-21	2022-09-05	재공시
4	표준서식	사단법인 아태평화교류협회	문화	2018-12	2019-04-26	2022-09-05	재공시

부를 주저하고 있고, 공익법인에 대한 사회적 시선은 따갑기만 하다. 영국 자선지원재단이 발표한 2021 세계기부지수에서 대한민국이 114개국 중 110위로 추락한 것은, 우리나라 기부 인식의 단면을 여실히 보여준다.

비영리 분야에서 나타나는 문제들을 해결하기 위한 제도적 보완이 없었던 것은 아니다. 2017년에는 공익법인 회계기준을 제정하여, 2018년 사업년도부터 적용했다. 결산서류 의무 공시 대상 법인의 범위도 꾸준히 확대했다. 종전에는 자산규모에 따라 결산서류 의무 공시 여부가 결정되었지만, 2020년 사업년도 공시부터는 모든 공익법인(종교법인 제외)이 결산서류 등의 공시를 의무적으로 하게끔 바뀌었다. 또 외부 회계감사 의무 대상 법인도 확대되면서, 공익법인의 비리를 막기 위한 세법상의 의무도 강화되었다.

하지만 여전히 보완해야 할 점들은 존재한다. 우선 제도적으로는 공익법인이 언제든지 또 얼마든지 재공시할 수 있도록 허용하고 있는 현행 공시 시스템의 보완과 함께, 불성실 공시를 했을 경우 제재할 수 있는 방안이 마련되어야 한다. 또 보조금 역시 국민들의 세금으로 지급되기 때문에 국민 누구나 보조금이 잘 사용되었는지 확인할 수 있도록 그 집행내역을 공개하여 투명하게 관리될 수 있도록 해야 한다.

기부 시장에서 큰 축을 담당하고 있는 기업의 역할도 중요하다.

최근 ESG 경영의 일환으로 기업 사회공헌활동을 늘리면서 기업으로부터 나오는 기부금의 규모도 커지고 있다. 하지만 기부금의 로비자금으로의 변질, 특정 이해관계 집단으로의 기부 등의 사례는 기부에 대한 부정적 인식을 더욱 강화시키기만 할 뿐이다. 따라서 기업 역시 사회공헌 파트너를 정할 때, 공익법인의 투명성을 점검하고, 기부금을 투명하게 집행하고 있는지를 기준으로 삼아야 한다. 또 기업 스스로 기부금 집행에 대한 의사결정 절차의 투명성을 확보하여 기업 기부금이 불법적인 로비나 부당한 압력으로 집행되는 것을 예방한다면, 기업의 ESG 투명성 확보와 함께 파트너인 공익법인의 투명성도 현재보다 높아질 것이다.

개인 기부자 역시 보다 깐깐하게 기부처를 선택해야 한다. 단순한 동정심이나 자기만족을 위해서 기부하는 것이 아니라, 기부금이 전달되는 과정 및 기부금 중 얼마가 기부단체의 운영비로 사용되고 있는지를 알아보아야 한다. 기부하고자 하는 단체의 홈페이지에 접속해서 사업 내용이나 재무정보를 확인하거나, '한국가이드스타' 홈페이지에 접속해서 공익법인의 투명성과 재무효율성 평가결과를 참고하는 등 적극적인 기부처 탐색 활동이 필요하다.

마지막으로, 공익법인은 적극적으로 대중과 소통해야 한다. 그 소통은 정직하고 투명한 공시를 의미한다. 아직도 국세청에 공시하는 결산서류에도 기부금 지출내역을 상세히 밝히지 않은 채 대충 뭉뚱그려 작성하거나, 기부금의 출처를 구분하지 않고 기재하지 않는 등 불성실하게 공시하는 곳들이 존재한다. '잘 안 보는 서류인데 이 정도면 됐지'하는 생각은 이제 버려야 한다. 공익법인의 수가 지속적으로 늘어나는 만큼 사회적 관심도 높아지고 있다. 회계 투명성을 높이고 대중과의 적극적 소통을 통해 사회적 신뢰를 쌓아가야 할 것이다.

공익법인은 국가가 미처 소화하지 못하는 사각지대의 복지수요를 민간부문에서 대신 보완하고 보충하는 중요한 역할을 담당하고 있다. 국가, 기부자, 공익법인, 이 세 축이 '기부'에 대한 역할을 각자의 자리에서 충실하게 수행한다면, 자연스럽게 공익법인은 사회적 신뢰를 회복할 수 있고 장기적으로 우리 사회에 투명한 기부문화가 정착될 것으로 기대할 수 있다. 아울러 '비영리'와 '공익'이라는 이 숭고한 화두를 사리사욕의 수단으로 가로챈 정치권의 행태에 법의 철퇴가 내려져 다시는 정치에 휘둘리는 공익법인이 나타나지 않기를 바란다.

‖데일리임팩 2022.11.04.

11

예비 퍼스트레이디들의 기부와 봉사는 누가 물어보나

국내 여성 고용률이 역대 최고치(58.6%)를 달성했다. OECD 국가 평균치에 가까운 수치다. 여성 할당제, 여성 창업 지원 등 각종 정부 정책으로 인해 여성 임원 비율, 여성 창업자 비율도 서서히 증가하고 있다. 여성가족부에 따르면 최근 3년간 상장법인 전체 임원 중 여성의 비율은 2019년 4.0%, 2020년 4.5%, 2021년 5.2%로 꾸준하게 상승했다. 또한 지난해 국민대 혁신기업연구센터 연구 결과에 따르면 여성 창업자 비율이 2011년부터 2015년까지 5년 사이 12.1%가 늘었다고 한다. 그야말로 여성들이 잠재력을 꽃필 수 있는 세상이다.

일하는 여자들이 많아질수록 세상을 빛내는 여성 기부자들도 늘어난다. 지난해, 766억 원을 카이스트에 기부한 광원산업 이수영 회장이 세상을 떠들썩하게 했다. 이수영 회장은 모교가 아닌 곳에 기부했다는 점에서 더 특별한 기부가 되었다. 새해를 시작한 지 얼마 되지 않아 가수 양희은 씨가 2022년 사랑의열매 아너 소사이어티(1억 원 이상 기부자 클럽) 1호 멤버가 되었고, 대한사회복지회 고액 기부자 모임인 아너패밀리에는 이삭토스트로 유명한 주식회사 이삭 김하경 대표의 기부가 이어졌다. 모두 각 분야에서 성공한 프로들이다. 아너 소사이어티 회원 통계를 살펴보면 여성 고액 기부자 수는 2016년 183명(15%)에서 2021년도에는 585명(21%)으로 크게 늘어났다.

우리 전통문화에도 이름을 널리 알린 여성 자선 사업가가 있었다. 조선 중기의 제주 기생 김만덕이다. 어린 나이에 기생의 신분을 가졌지만, 곧 우물 안 개구리에서 벗어나 객주를 열고 사업을 시작했다. 김만덕은 제주 특산물들을 이용해서 자신만의 상품을 만들었고, 기생 시절 경험을 바탕으로 양반과 옷감, 화장품 등의 고가품을 거래했다. 그녀는 경제원리를 잘 활용해 큰 이익을 남긴 타고난 사업가로서 제주도에서 손에 꼽히는 상인이 되었다.

김만덕의 부가 빛날 수 있었던 것은 제주도에 찾아온 태풍 때문이었다. 태풍은 추수를 앞둔 제주도를 모조리 쓸었고, 섬에는 굶어 죽는 사람이 즐비했다. 그녀는 큰 결심을 했다. 자신의 모든 곳간을 연 것이다. 가까운 육지에서 곡물을 사들여 직접 빈민가에 배포했고, 관가에도 구호곡을 전달하여 많은 사람이 혜택을 받을 수 있게 했다. 김만덕의 선행은 바다를 건너 한양까지 알려졌다. 정조는 그 시대 여성으로서의 최고 벼슬인 '의녀반수(醫女班首)'를 그녀에게 수여했다. 아직도 제주도에서는 그녀의 선행과 자선을 기리는 행사가 매년 거행되고 있다.

해외에서 대표적인 여성 고액 기부자는 마이크로소프트 설립자 빌 게이츠의 전 아내 멜린다 게이츠, 아마존 설립자 제프 베이코스의 전 아내 맥켄지 스캇이 있다. 이들은 과거엔 부부 기부자로서 세계의 이름을 날렸지만, 이혼 이후에도 지속해서 기부활동에 참여하고 있다. 게이츠재단에서 이사로 활동하던 멜린다는 빈곤과 질병 퇴치라는 미션, 그리고 코로나에 대응하기 위해 2020년 11월 약 1,185억 원이라는 큰 자금을 투자했다. 스콧은 2021년 기준 약 10조 원을 자선단체에 조건 없이 기부하는 등 기부문화에 새로운 바람을 몰고 있다. 각 비영리 단체의 역량을 존중하면서, 기부금 사용에 자율성을 준 것이다. 아무런 조건 없이 베푸는 것에 대해 오히려 투명성과 책임감이 부족하다는 비평가들이 등장했지만, 그녀는 기부에 대한 자신의 신념과 자선단체를 향한 신뢰를 분명히 밝혔다.

그러면 우리나라 여성 부호들은 어떨까. 포브스가 선정한 대한민국 부자 중에는 5명의 여성이 있다. 홍라희 전 삼성미술관 리움 관장, 이부진 호텔신라 사장, 이서현 삼성복지재단 이사장, 최기원

SK행복나눔재단 이사장, 이화경 오리온그룹 부회장이 그 주인공들이다. 그런데 국세청 공익법인 결산서류 기부자 명단(*사업년도 2020년)을 살펴보면 이서현 삼성복지재단 이사장이 삼성생명공익재단에 3억 원을 기부한 것 외에는 이들의 기부활동을 찾아볼 수 없었다. 기업이 만든 재단은 출연과 함께 세금혜택을 받는다. 기업의 자산이 아니라 공공의 자산으로 인정되기 때문이다. 따라서 재단의 경영을 기업이 하는 것은 이해가 되지만 사업만큼은 공익의 기준, 투명성의 원칙에 따라야 한다. 제3자에 의한 투명성 평가가 반드시 필요한 이유이기도 하다.

2022년도 더기빙플레지 서약자(이 중 2명은 여성)

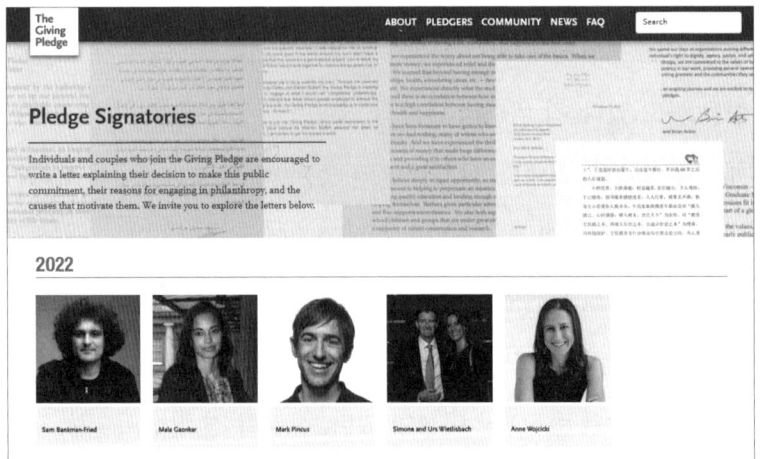

출처 : 더기빙플레지 홈페이지(givingpledge.org)

보수적인 기업문화에서 살아남기 위해 여성은 나서지 말아야 한다는 전통적인 인식이 있었다. 그러기에 그녀들이 눈에 띄지 않는 방법으로 참여하고 있을 수도 있다. 세계적으로 대부호들의 재산을 사회에 환원한다는 약속인 '더기빙플레지'에 여성 단독 기부가 많지 않은 이유이기도 할 것이다. 2017년 음향 전문 브랜드 돌비 대표 다그마 돌비(Dagmar Dolby)와 교육 소프트웨어 회사인 심천 씨스카이랜드기술회사(Shenzhen Seaskyland Technologies)의 설립자 요우쫑후이(YOU Zhonghui) 이후에는 전무한 현황이다. 하지만 오히려 여성 자산가일수록 이 벽을 깨는 데 앞장서야 한다. 본보기가 되어주는 선배가 되어야, 그 길을 따르는 후배들이 생기고 어떤 분야에서든 여성의 힘으로 젠더 이퀄리티를 만들어 낼 동력이 생겨날 수 있다.

오늘도 여전히 여성들은 사회에서 고군분투하고 있다. 이제는 분위기가 개선되어 여성의 성장을 존중하는 조직들이 늘어나는 모양새이다. 더 나아가 세계적 트렌드인 ESG 지표에는 여성 구성원과 급여 비율이 다양성 및 양성평등의 범주에 들어간다. 이 비율이 지표에 포함된 만큼 기업들은 앞으로 여성들에게 안정적으로 근무할 수 있는 근로환경을 제공하고, 여성 리더를 적극적으로 발굴할 것이다. 그리고 어느 날, 대한민국 첫 기빙플리지 여성 기부자가 세상에 등장하는 순간을 기대해 본다. 그녀를 따를 여성 리더들이 세계 곳곳에서 나타날 것이다.

  정치의 계절이 왔다. 곧 차기 퍼스트레이디가 첫 선을 보이게 된다. 그런데 예비 퍼스트레이디의 선행과 기부 경험에 대해서는 어느 누구도 어떤 언론매체도 물어보지 않았다. 비호감의 선거라서 그럴까. 부디 다음 선거에서는 기부와 선행도 검증 리스트에 넣어 미담의 레이스가 펼쳐지기를 기대해 본다. ‖데일리임팩트 2022.02.21.

12

유엔의 이름도
이제는 검증되어야 한다

한국은 유엔 회원국이 아니면서 1970년대까지 유엔 창설일을 공휴일로 지켰다. 그만큼 유엔은 우리에게 각별했다. 6.25때 유엔군이 없었다면 나라가 없었을 것이다. 유엔의 이름으로 주어지는 구호금품으로 배고픔을 해결했다. 그래서 유엔은 힘과 권위를 함께 지닌 특별한 존재로 우리에게 각인됐다. 유엔은 또 시민사회의 육성을 위해 각국 NGO에게 협의대상지위를 부어하여 유엔 활동에 참여할 수 있는 길을 만들었다. 모든 NGO들이 참여할 수 있는 것은 아니다. 유엔 협의대상 분야로는 경제사회이사회와 그 산하기관의 권한 내에 있는 사안으로 한정하고, 유엔헌장의 정신, 목적, 그리고 원칙과 일치해야 한다. 우리나라의 NGO들도 이 제도를 활용해 명성을 높여 왔다.

협의대상 지위라는 것은 조금 더 세분화하면 일반(General), 특별(Special), 명부등재(on the Roster)로 나뉘어진다. 영어를 그대로 해석한 것이기 때문에 이 셋 중에는 '특별'한 것이 권한이 높아 보인다. 하지만 그렇지 않다. 가장 포괄적인 지위를 가진 것은 일반협의대상 지위이며, 우리나라에는 최초이자 유일하게 굿네이버스 인터내셔날이 등록되어 있다. 일반협의대상 지위는 구체적으로 2,000자 내의 서면진술서를 제출하고, 유엔 문서로 배포할 수 있으며 해당 위원회의 추천에 따라 구두발언권을 가지고 의제에 대한 제안권을 행사한다. 특별협의대상 지위는 '의제에 대한 제안권'이 없다는 것이 큰 차이이다. 특별협의대상 NGO로 한국은 79개의 단체가 등록되어 있으며, 전국재해구호협회, 홀트아동복지회, 기아대책 등이 이 그룹에 속한다.

유엔 참여 NGO로 선정되었다는 것은 모두 좋은 공익법인이라는 뜻은 아니다. 한국가이드스타 평가 기준에 따르면 공익목적사업비 0원 등 공익법인으로서 기본 의무를 다하지 못한 법인과, 일반관리비(조직운영비) 0원 등 일반적이지 않은 법인, 외부회계감사 전문을 공개하지 않은 법인 등이 섞여 있기 때문이다. 또한 지정기부금단체, 비영리민간단체, 민법상 비영리법인 외에 대한민국 내 법적 등록 여부를 확인하기 어려운 단체들도 있었다.

한 사례로 UN 산하 순수 무상의료지원단체를 표방하고 있는 어

특별협의대상지위 단체 중 국세청 결산서류 공시 여부

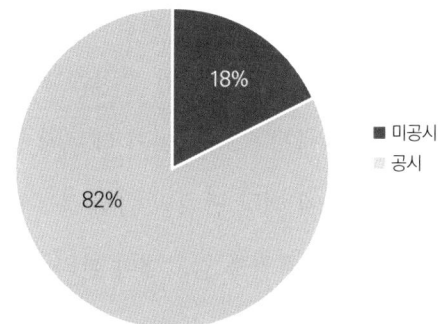

자료 : 국세청 홈텍스

느 단체는 국세청에 결산서류를 공시하지 않고 있고, 기획재정부에서 지정하는 지정기부금단체도 아니었다. 홈페이지에서는 후원금 관련 사용내역을 확인할 수 없었다. 현재 이 단체는 유엔 로고와 외교부 로고를 이용하여 단체를 홍보하고 있다. 더 나아가 출연법인으로 추측되는 바이오 주식회사와 같은 전화번호를 쓰고 있었다. 지난 2017년 새희망씨앗 기부금 횡령 사건의 경우 '사단법인' 새희망씨앗에서 기부자를 모아 '주식회사' 세희망씨앗에서 매출액을 올린 형태로 더욱 주의가 필요하다.

마찬가지로 경계해야 할 것은 단체명에 '유엔'이 들어간 경우이다. 우리나라에만 '유엔'이 단체명에 속한 법인이 12개나 된다. 유엔 소속이라 함은 유엔난민기구(UNHCR), 유엔세계식량계획(WEP)처럼 국제기구로 분류되어 지역 사무소, 각국 대표부, 현장 사무소

등으로 운영된다. 수직 구조로 경영과 감사 부분에서 직접적인 영향을 받는다. 하지만 협의대상 지위는 그렇지 않다. '등록'의 개념이기 때문에 유엔에서는 세부적인 경영에 간섭하지 않는다. 등록된 NGO만 해도 전 세계 6,319개이기 때문에 당연한 일인 것이다. 따라서 기부하기 전에 해당 단체의 법적 등록여부와 투명성 및 책무성 등 제3자의 평가결과를 참고해야 한다. '유엔 NGO'란 수식어로 단체를 홍보하고 있다면 이 또한 주의해야 하는 부분이다.

하지만 이를 활용해 홍보하는 것은 비단 공익법인뿐만 아니다. 한 비영리단체는 기업 ESG 평가사업을 펼치고 있는데 유엔의 SDGs에 근거하여 평가를 진행하고 있다. 평가를 받은 기업은 이 결과를 '유엔'에서 받았다고 강조하고 있다. 유엔에서는 어떠한 ESG 평가도 하지 않는다. 잘못된 정보로 국민들의 신뢰를 산다면 선의의 피해자들이 반드시 발생하게 된다.

22년도 국세청 공시 법인 중 '유엔' 단어가 포함된 공익법인 12곳

사단법인 유엔해비타트 한국위원회	사단법인 유엔협회세계연맹
사단법인 유엔 아카데믹임팩트 한국협의회	사단법인 유엔인권정책센터
(사)유엔글로벌콤팩트 한국협회	사단법인 유엔한반도평화번영재단
사단법인 유엔에스디지에스협회	사단법인 한국유엔봉사단
사단법인 유엔지속가능발전교육 인제전문센터	사단법인 한국유엔체제학회
재단법인 유엔더블유티오스텝파운데이션	재단법인 유엔한국참전용사지원재단

기부금 사기 횡령 사건이 발생하는 원인 중 하나는 공익법인에 대한 막연한 믿음이다. 단체에 대한 검증 없이 그들에게 돈을 쥐어 준다면, 피해자는 도움을 받아야 하는 수혜자뿐만 아니라 대한민국에서 성실하게 모금활동을 하고 있는 공익법인으로 확장된다. 2019년 사회조사 결과(통계청)에 따르면 기부를 하지 않은 이유로 '기부단체 등을 신뢰할 수 없어서(14.9%)'가 2년 전보다 6.0%p로 가장 크게 증가했다.

우리가 기부를 해야 하는 이유는 유엔과 마찬가지로 이웃의 평화와 안전을 유지하기 위해서이다. 나와 관련 있는 공익 이슈를 찾고, 문제 해결을 위해 애쓰고 있는 공익법인을 찾아보자. 홈페이지를 확인하고, 단체의 가계부를 검증하고, 기부자가 됨으로써 스스로에게 '특별 지위'를 선사하자. 유엔의 이름마저도 이제는 검증하고 들어가야 하듯이 우리나라의 기부가 보다 깐깐해진다면 세상을 변화시킬 수 있을 것이다.

‖글로벌경제신문 2022.11.25.

13

조용하지만 확실하게
세상을 바꿔 가는 또 다른 한류

"어렵게 블록을 만들 수 있게 됐으니 쌓는 일만큼은 우리가 합시다."

2019년 7월 말 필자가 방문했던 아프리카 동남부, 말라위의 한 시골 초등학교에서 나온 얘기다. 주민 대표의 설명은 이러했다. 아이들이 계속 늘어나고 있어 정부에 교사를 더 지어달라고 했으나 돌아오는 예산은 턱없이 부족했다. 모자라는 부분만큼 주민들이 힘을 보태면 배정된 예산으로 블록을 더 많이 찍어낼 수 있고, 결과적으로 교사(校舍)를 더 많이 세울 수 있다는 얘기다.

주민 참여로 아이들에게 교육의 기회를 넓혀 주자는 제안은 즉석에서 채택됐다. 주민 대표는 만족한 표정으로 말했다. "학교 자체를 모르는 지역이었는데 '아이들과미래재단'이 이곳에 온 이래 주민들의 생각이 바뀌고 있다"며 행복해했다.

한국의 공익법인인 '아이들과미래재단'이 만든 변화는 더 있었다. 현지에서 만난 교장 선생님은 요즈음 출석률이 매우 높아졌다며 좋아했다. 그가 꼽은 비결은 FC(Football Club) 말라위. '아이들과미래재단'은 2012년 이곳, 살리마(Salima) 지역에서 어린이, 청소년을 대상으로 10개의 축구팀을 창단했다.

이들은 수업이 끝나면 오후에 축구 시합을 한다. 물론 맨발이고 남녀학생 구별 없는 혼성팀이다. 그런데 수업을 들어야만 축구공을 찰 수 있다. 그러니 공부하지 않으면 축구를 할 수 없다. 축구를 통해 아이들은 경쟁도 배우고 팀워크도 깨우친다. 축구가 끝나면 길게 줄을 선다. 질서를 배운다. 그리고 손을 씻는다. 위생 관념이 생긴다. 식사한다. 그래봐야 우유와 빵, 바나나 하나가 전부다. 그런데 식사를 하기 전에 반드시 두 손을 모아 기도한다. 필자가 간 날도 그랬다. 감사하는 마음을 가지게 된다.

질서 있고 깨끗한 마을, 서로 돕고 감사하는 생활을 통해 공동체가 형성됐다. 약육강식의 정글 같았던 마을이 사람들이 모여 사는 공동체로 탈바꿈했다. '아이들과미래재단'이 기획한 FC 말라위는 학교를 중심으로 한 공동체를 주민들에게 선물했다.

아이들이 축구공을 차는 오후 시간에는 머더스 클럽(Mother's

Club)이 움직인다. 학교에 한 대뿐인 재봉틀 주위로 어머니들이 모여 생리대를 만든다. 생리대가 있어야 여학생들이 학교에 와서 공부하고 축구를 할 수 있다. 어머니들은 또 나이 어린 미혼모들을 학교에 불러 그들의 어려움을 들어주고 어린아이들을 돌봐준다. 미혼모들에게 저주와도 같았던 아이들이 보물로 바뀐다. 엄마도 아이도 웃게 됐다. 이것이 머더스 클럽이 만들어 낸 변화다.

너와 나로 나뉘는 게 아니라 학교라는 울타리를 중심으로 선생님, 부모님, 아이들이 모두 하나가 됐다. '아이들과미래재단'은 현재 살리마현에서 FC 말라위와 '렛츠 고 투 스쿨(Let's go to school)' 사업을 하고 있다. 살리마현의 인구는 25만 명, 이 중 FC 말라위에는 10개 팀이 조직돼 리그전을 치르고 있다. 6세에서 14세까지의 아이들 2,500명이 회원이다.

'렛츠 고 투 스쿨'은 6개 초등학교에서 약 1만 2,000명이 혜택을 받고 있다. 코이카(KOICA)와 공동으로 기획한 이 사업이 알려지면서 현재는 유니세프, 세계식량기구(WFP)까지 가세했다. 거기에 현지의 공익법인인 우자마(Ujama Pamodze)도 자원봉사로 참여해 미혼모 상담 프로그램을 진행하고 있다.

1950년대 가난한 시골에서 자랐던 필자는 1980년대 중반 동남아의 한 지방을 갔다가 영락없는 30년 전의 시골 풍경을 봤다. 그곳이 지금은 환골탈태했다. 그로부터 30년 후인 2019년 말라위에

출처 : 저자 개인소장

서 60년 전의 어린 시절을 봤다. 그러나 한국의 조그만 공익법인이 만들어 낸 변화를 보면서 희망을 가졌다. 생각이 바뀌고 행동이 바뀌고 습관이 바뀌면서 하나가 된 공동체를 봤다. 못 살았던 경험을 바탕으로 잘 사는 법을 가르쳐주고 있다. 이것이 한류다.

번쩍이는 조명, 화려한 군무. 이런 한류가 있는가 하면 조용히 그러나 확실하게 세상을 바꿔 가는 또 다른 한류가 있다. 한국에서 파견된 세 명의 젊은이, 그들이 씨를 뿌린 30년 후의 말라위, 그 열매를 생각하니 벌써 가슴이 두근거린다. ‖글로벌경제신문 2019.08.07.

14

유명한 가수의 팬처럼, '팬심'으로 기부하자

세계적인 팝스타 브루노 마스 내한 공연 10만 석이 단 30여 분 만에 매진되었다. 트로트 가수 임영웅의 공연 또한 마찬가지였다. 그의 첫 전국 단독 투어 콘서트는 매회 전석 매진이었다. 이렇듯 사람들은 자신이 좋아하고, 가치있게 느끼는 것에 열광하고 돈을 소비한다.

사람들이 기부하는 데도 '팬심'이 생기면 어떨까. '어려운 사람이 있으면 도와줘야 한다'는 공익사업의 필요성과 가치는 누구도 잘 알 것이다. 그러나 공익법인의 시작은 잘 모른다. 누가 언제 왜 이 단체를 설립했는지를 찾아보면 소설보다 몰입도가 높은 '인생을 건' 단체들을 찾아볼 수 있다.

학교폭력으로 자녀를 잃은 아버지가 있다. 학교폭력이란 단어

자체도 쉬쉬하고 있는 사회에서 문제와 직면해 재단을 설립했다. 바로 푸른나무재단(전 청소년폭력예방재단)의 설립자 김종기 명예 이사장이다. 영국에서 불의의 교통사고를 당한 아내가 한국에서 재활치료를 받을 때 겪었던 어려움과 불편함을 개선하고 싶었다. 백경학 푸르메재단 상임이사는 장애인과 가족이 믿을 수 있는 병원을 직접 만들자는 일념으로 '어린이재활병원'을 건립하는 데 일조했다. 그 외에도 국내 최초 최연소 농구 코치였지만 루게릭병이라는 희귀질환을 진단받으며, 이들을 위한 지원사업을 펼치고 있는 승일희망재단 박승일 공동대표. 스스로를 '바보'라 부른 김수환 추기경 님의 뜻을 이어가기 위해 설립된 재단법인 바보의 나눔 등이 있다.

외국에서도 '인생을 건' 단체들을 만나볼 수 있다. 경찰관이 되고 싶다는 소원을 이루고 하늘로 떠난 아팠던 아들을 위해 난치병 아동 소원 성취 재단인 '메이크어위시'를 설립한 어머니 린다와 프랭크 순경, 60년대 이후 사랑으로 고아들을 품은 홀트아동복지회의 설립자 해리 홀트, 펄벅재단의 펄벅 여사 등 한 사람의 인생이 전국에 수많은 수혜자와 대상자의 삶을 변화시키고 있다.

가수가 팬이 생기는 이유는 다양할 것이다. 우선 본업인 노래를 잘 불러야 한다. 그리고 매력적이어야 하며 소통이 가능해야 한다. 공익법인과 기부자 사이에서도 마찬가지다. 우선 공익 목적의 사업을 효과적·효율적으로 이뤄내야 한다. 그리고 이 사업을 할 수밖에 없는 사업 계기와 배경이 있어야 한다. 가장 중요한 설득이자 매력 포인트가 될 것이다. 마지막으로 기부자들과 상시로 소통하고 교류해야 한다. 기부자가 단체에 대한 신뢰가 쌓일수록 단체는 변해가는 시대 속 사업을 확장하는 데 든든한 응원군을 얻게 된다.

한편으로는 정관상 목적사업이 아님에도 불구하고 유행에 편승해서 사업을 하는 단체들도 있을 것이다. 이러한 단체들을 구별하기 위해 꼭 사업만 보고 후원하는 것이 아니라 단체의 줄기를 알아야 한다. 소중한 기부금을 내어놓기 전 시간을 내어 단체의 이야기를 알아보도록 하자.

첫째, 단체 홈페이지에 접속한다. 대표 인사말, 연혁, 비전과 미션을 살핀다. 해당 항목들을 통해 어떤 사람들이 어떤 목적을 가지고 설립했는지 알 수 있다. 더불어 연혁을 통한 과거 성과, 그리고 앞으로 걸어 나갈 방향성을 상상해 볼 수 있다.

둘째, 재정 보고와 연차 보고서 등을 통해 실제 사용한 돈과 결과를 살펴본다. 시민단체로서 독립성을 위해 정부 보조금이나 기업 후원을 받지 않는 곳이 있다. 또는 기업사회공헌 전문 재단으로 개인 후원금을 받지 않는 곳이 있다. 이러한 성향은 단체를 나타내는 하나의 지표이다. 또한 자금을 어떻게 사용했는지 기부금의 효과와 성과를 기부자들에게 공개하는 것은 정보의 투명성을 높이기 위한 것이며, 계속적인 기부금 모집을 위해 필수적인 환류의 과정이다.

셋째, 외부 회계감사, 공익법인 민간 평가기관의 결과 등을 참조해 제3자의 객관적인 평가를 참고한다. 공익법인은 주무관청, 국세청 외에도 외부 회계법인의 회계감사, 그리고 전문 평가기관이 다양한 지표를 가지고 투명성과 책무성, 재무 효율성을 평가한다. 단순하게 평가 결과만 봐서는 안 된다. 현명한 기부자라면 더 나아가 어떤 노력을 통해 개선해 나가고 있는지를 지켜봐야 한다.

기부자가 기부의 이유를 찾아야 하는 것처럼, 공익법인도 사업의 이유를 튼튼하게 만들어야 한다. 누구나 하는 뻔한 공익사업이 아니라, 우리 단체가 해야만 하는 매력적인 이유를 찾아 사업을 특별하게 만들어가야 한다. 기부자와 공익법인이 서로 진심으로 응원하고, 이해하는 순간 기부금 투명성은 당연히 따라올 것이다. 모든 공익법인이 본연의 공익목적사업을 수행해 나갈 수 있도록 기부자들의 '팬심'이 필요한 순간이다.

15

더 나은 세상을 위하여!

'최대 다수의 행복을 위해 세상을 변화시키려면 어떻게 해야 할까'라는 표지의 문구가 인상적이었던 『냉정한 이타주의자』라는 책이 있었다. 이 책에서는 기부금이 잘못 사용된 사례 중 하나로 '플레이 펌프'를 꼽았다. 아프리카 아이들이 빙글빙글 돌리면서 노는 놀이기구 '뺑뺑이'에 펌프를 결합한 플레이 펌프를 '플레이펌프스인터내셔널'이라는 국제 구호단체가 도입했다. 그리고 물 부족 국가들에 이 식수 펌프를 보급했다. 우리 직원 중 한 명도 이 펌프가 한창 보급될 당시 국제개발 분야에서 일하고 있었는데, 플레이펌프 같은 적정기술을 개발하는 것이 국제개발을 업으로 하는 사람들 사이에서 핫 이슈였다고 기억하고 있었다.

그런데 그 결과는 어땠을까. 아이들이 돌리는 힘만으로는 물을

2008년, 1,000개 이상 설치된 플레이펌프

출처 : pbs 홈페이지 캡처(www.pbs.org)

계속 끌어올리기에 부족했고, 아이들이 돌리다가 넘어져 다치는가 하면, 돈을 주면서까지 '타고 놀도록' 해야 했다고 한다. 결국 뺑뺑이를 돌리는 건 아이를 키우는 여자들의 몫이 되었고, 즐겁지도 않고 품위 없고 모욕적인 '일거리'로 전락했다. 효율성을 따져보지 않고 직감적인 판단과 선의만 앞세웠던 이 업체는 국제사회의 비판을 받고 폐업했으며, 플레이펌프는 후원사업의 실패 사례가 되었다.

그러나 값진 시도였다. 주민의 참여로 지역의 문제를 해결하려한 방식은 자선단체들에게 교훈이 되었고, 자성의 목소리와 함께 그간의 사업들을 되돌아보는 계기가 되었다.

식수 부족에 시달리는 저개발국의 문제를 해결하기 위해 추진되는 또 다른 사업이 있다. 약 100조 원의 재산을 가진 마이크로소프트(MS)의 창업주 빌 게이츠는 대변을 깨끗한 물이나 비료로 재활용하는 사업을 추진하고 있다. 배설물(똥)을 가열해 순수한 수증기만 걸러낸 뒤 이 수증기를 냉각시켜 식수로 쓰는 장치를 개발한 기업을 방문하기도 했다. 그리고 걸러낸 물을 마신 후 "다른 물처럼 맛이 좋다"라고 칭찬했다. 이 배설물 처리 기계는 게이츠재단의 지원을 받아 2015년 말 아프리카 세네갈에 시범 설치를 하기도 했다.

2022년에는 삼성전자까지 빌앤멀린다게이츠재단의 RT(Reinvent the Toilet) 프로젝트에 참여해 '물이 필요 없는 화장실' 기술 개발에 성공했다. 이 가정용 RT는 현재 사용자 시험까지 마쳤는데, 게이츠재단은 RT 양산을 위한 효율화 과정을 거쳐 저개발국에 제공할 계획이다. 기업의 힘과 기술의 도움으로 자연의 문제를 항구적으로 해결해 낼 수 있는 기반이 생긴 셈이다. 기부와 참여로 바뀐 세상을 기대하게 됐다.

효율성을 냉정하게 따져보고 진행한 또 다른 사업도 있다. '기생충 감염 치료' 사업이다. 한 구호단체가 아이들의 학교 출석률을 높이기 위해 다양한 사업을 시도했지만 별 효과가 없었다. 그런데 기생충 감염 치료를 했더니 출석률이 높아졌다. 다른 사업들보다 비용 대비 최대 효과를 내는 방법이었다. 그리고 이 아이들의 생애를 추적 관찰한 결과, 기생충 감염 치료를 받은 아이들이 그렇지 않은 아이들보다 더 잘살게 됐다고 한다. 이 사업은 지역밀착형의 손쉬운 사업이지만 시간을 두고 효과를 거둔 대표적인 사례로 꼽히고 있다. 1950~60년대 우리의 구충사업도 이런 면에서 보면 국제 구호단체들 사이에서 성공사례로 꼽혔을 것이다.

『냉정한 이타주의자』의 저자 윌리엄 맥어스킬은 선의와 열정에만 이끌려 실천하는 이타적인 행위가 실제로 세상에 득이 되지 않

2022년, 기부를 위해 손잡은 이재용 삼성 회장과 빌게이츠 MS 창업자

출처 : 삼성전자

는 경우가 많다고 얘기한다. 그래서 일상적으로 실천하는 이타적인 행위가 실제로 득이 되는지 실이 되는지 냉정하게 따져봐야 한다며 불편한 진실을 지적한다.

우리는 무언가를 할 때, 무의식적으로 원인과 결과를 따져서 가장 효과적이라고 생각하는 방법을 선택한다. 특히 소비를 할 때 그 효용과 가치를 더 많이 따져본다. '가성비'라는 단어가 사람들에게 와 닿는 이유는 그만큼 우리가 무엇을 소비할 때 효율성을 깊게 생각해보고 있음을 의미하기도 한다.

그런데 우리는 일명 착한 소비라고 불리는 '기부'에 있어서도 효율성을 따지고 있을까. 기부할 때 이 기부금이 어디에 어떤 방식으로 전달되는지, 그리고 그 사업의 결과가 어떠한지를 중요하게 생각하고 있을까. 수많은 기부단체가 있고, 그들은 수만 개의 사업을 하고 있다. 수만 개의 사업 중 어떤 사업에 내 기부금을 줄 것인지를 꼼꼼하게 따져보고 기부를 결정하는 것은 무익한 사업에 내가 낸 기부금이 사용된 것을 알고 실망해서 기부를 중단하는 것보다 훨씬 더 큰 기부의 보람을 느낄 수 있을 것이다.

'기부'는 최대 다수의 행복을 위한 일이다. 그것이 우리가 더 나은 세상을 만들기 위해 기부를 해야 하는 이유이며, 기부단체가 하는 사업의 효율성과 투명성을 따져보고 기부를 해야 하는 이유이기도 하다. 더 많은 사람들이 세상을 변화시키기 위해 참여하고 행동하는 한 해가 되기를 바란다. 물론 더 나은 세상을 향한 다양한 시도는 계속될 것이다. ‖데일리임팩트 2023.01.02.

16

해외 재난현장의 '원팀 코리아'

지난 7월 튀르키예에 다녀왔다. 희망브리지(재해구호협회)가 지진 피해지역에 제공하는 임시주거시설(컨테이너 하우스)의 입주 행사에 참석키 위함이었다. 지난 2월 6일 튀르키예 남동부를 강타한 지진은 본진(규모 7.8)과 여진(규모 7.5)으로 같은 날 두차례나 발생해 피해를 가중시켰다. 현재까지 사망자 6만여 명, 이재민이 300만 명에 이르렀다. 이곳에서 7,400km 떨어진 우리나라에 이 지진으로 지하수가 7cm 상승했다는 한국지질자원연구소의 관측까지 나왔으니 그 규모가 얼마나 엄청난지 느낄 수 있다. 일본 도호쿠대(東北大)는 첫번째 강진의 에너지가 1995년 일본에서 일어났던 고베 대지진의 22배나 된다고도 했다.

희망브리지가 200동의 주거시설을 제공한 카흐라만마라슈

(kahramanmaras)는 2차 지진의 진앙지이기도 해서 피해가 집중됐다. 잔해는 일부 치워졌으나 남아 있는 많은 건물들도 붕괴의 위험이 있어 올해 내내 해체 작업이 계속될 것 같다며 현지 관리는 우울한 표정을 지었다. 곳곳에 이재민들을 위한 주거시설이 있었으나 보이는 것은 대부분 텐트였다. 물과 식품, 의류 등 긴급 생필품을 받아 당장의 어려움은 넘겼으나 무더위와 다가올 추위를 이겨 나게 해 줄 안정된 주거시설은 이재민들의 가장 절박한 요구였다.

희망브리지가 제공한 컨테이너 하우스는 방 한 칸, 거실 한 칸에 가운데 화장실이 있는 단출한 규모이지만 2층 침대와 소파, 책상이 구비됐고 냉장고, 에어컨, TV도 설치돼 임시 주거시설로는 모자람이 없었다. 희망브리지 대표단을 만난 자리에서 현지 시 정부는 재난복구 현장의 모습을 영상으로 보여줬다. 그런데 10여 분의 상영시간 중 외국 구호단체로는 희망브리지(Hope Bridge)만이 보였다. 다른 나라 NGO는 왜 보이지 않느냐고 했더니 이렇게 신속하게 대규모의 시설을 제공한 곳은 아직 희망브리지밖에 없다고 했다. 그러면서 거듭 한국 국민들에게 감사를 표했다.

국내 구호에 주력해 온 희망브리지가 국제적 NGO와 비견될 정도로 현장의 필요에 신속히 응할 수 있었던 데는 현지 대사관의 선제적 노력이 큰 몫을 했다. 지진이 발생한 다음 날 이원익 주 튀르키예 한국 대사는 눈 속에 600km를 달려 카흐라만마라슈에 도착

했다. 숙소가 없어 어느 학교 운동장에 차를 세워 놓고 사흘 밤 차박을 했다. 그리고 정부 관계자를 만나 구호 방법을 논의했다. EU 등에서는 구호품을 그냥 보내오는 것이 아니라 아예 운송 차량까지 가지고 오는 경우도 있었다고 한다. 한국에서 아무리 많은 구호물품이 도착해도 이걸 내려서 나르지 못하면 무용지물인 상황이었다. 그러나 현지 정부는 이 대사의 요청을 받고 운송 차량과 배송인력을 우선적으로 배정했다. 대사급의 고위인력이 직접 내려와 동분서주하고 있는 사례가 없었기 때문이다. 덕분에 우리나라 NGO들이 보내는 텐트, 의류, 담요, 식품, 의약품 등 구호물품이 적기에 이재민들에게 나눠질 수가 있었다.

컨테이너 하우스가 제때 제작되어 이송될 수 있었던 것은 희망브리지의 현장감각 덕분이었다. 희망브리지는 국내 재난현장에서는 임시주거시설 제공의 경험이 있었지만, 해외 현장은 처음이었다. 재난현장이 으레 그렇듯 사이비 업자들이 들끓었다. 그러자 희망브리지는 아예 국내의 컨테이너 하우스 전문기술자를 자문역으로 발령 내 재능기부를 받았다. 그리고 튀르키예 현지에 세 차례나 출장을 보내 사이비 업자를 색출해내고 품질을 확보하고 시공 기간을 단축해냈다. 포스코와 현대에서 이 사업을 담당했던 노련한 전문가는 해외 사업에 문외한인 희망브리지의 약점을 채워주기에 모자람이 없었다. 그는 카흐라만마라슈에서 200km 떨어진 이스

켄데룬까지 들어가 300동의 컨테이너 하우스 건립을 자문해 주기도 했다. 또 희망브리지는 이곳에 커뮤니티 센터 건립을 약속해 이재민들의 트라우마 극복에 도움을 주기로 했다. 구호만 마치고 돌아가는 것이 아니라 지속적인 관심과 돌봄을 약속하는 무언의 상징이 세워지는 셈이다.

우리나라 해외긴급구호대(KDRT)의 활동도 돋보였다. 골든타임(72시간)이 넘어선 이후에도 생존자를 구조해냈고 의료진 중심의 2진까지 파견돼 인근 주민들에게 큰 감동을 줬다. 카흐라만마라슈 재난현장에 자원봉사자로 달려간 해외한인무역협회(OKTA) 튀르키예 지부와 튀르키예 한인회도 통역으로 나서는 등 민간구호사절로서의 역할을 훌륭히 해냈다. 튀르키예에서 오랫동안 뿌리를 내리며 사업을 해 온 이들은 본국의 아낌없는 지원에 큰 자부심을 느끼며 한국인이라는 사실에 새삼 보람을 가졌다고 했다.

해외 재난현장에서 코리아는 원팀이었다. 현장 중심으로 그린 큰 그림 위에 대사관이 선제적으로 길을 놓고 구호단체들이 활동하는 동안 현지에 뿌리내린 우리 교민·기업들이 자원봉사를 하며 원팀코리아를 완성해냈다. 카흐라만마라슈의 길 위에서 현대자동차는 달렸고 숙소에서는 삼성TV가 보였다. 철거의 잔해를 치우는 데는 현대중공업의 굴삭기가 굉음을 내고 있었다. 원팀 코리아는 이렇게 형제의 나라에 가까이 갈 수 있었다.　‖이투데이 2023.07.21

17

깨끗해야 행복하다

돈이 있으면 행복하다고 생각했다. 그래서 열심히 돈을 모았다. 그랬더니 서구의 어느 학자는 소득이 1만 2,000달러를 넘어서면 돈이 늘어나도 행복은 늘어나지 않는다고 했다. '이스터린의 역설'이다. 같은 논지로 유엔은 '세계행복지수'를 매년 발표한다. 행복을 구성하는 6가지 항목 중 돈에 관련된 것은 1인당 국내총생산(GDP) 정도, 여기에 기대건강수명, 사회적 연대, 기부와 봉사활동 같은 자선 행위, 정부에 대한 신뢰도, 원하는 삶을 선택할 자유도 등의 5가지 항목이 추가된다.

돈이 많거나 권력을 누리는 사람의 기부와 봉사는 필자의 관심사항이었다. 국민들의 행복과 연관되어 있기 때문이다. 그래서 지난 대선 기간에는 퍼스트레이디가 될 가능성이 큰 두 명의 후보 부인에게 기부와 봉사의 경험을 물어봤다. 답은 '노코멘트'. 없었다고 추정할 수밖에.

최고 권력자였던 전직 대통령들의 뜻을 기리는 기념재단은 어떨까 하고 찾아봤다. 결과는 실망, 모든 법인이 투명성의 관점에서는 낙제점이었다. 진보냐 보수냐를 떠나 모두가 모처럼 같은 모습을 보여줬다.

대기업의 오너들도 기부를 많이 한다. 그런데 이 기부금은 거의 다 회삿돈이다. 자신의 주머니를 터는 경우는 본인이 사법처리의 대상이 될 때가 대부분이다. 기부가 면죄부를 받기 위한 수단으로 전락한 것이 아닌가 하고 우울해진다.

우리 국민들의 행복지수는 이래서 더 떨어진다. 경제규모 세계 10위권의 국민들이 느끼는 행복지수는 세계 50위권, 그 차이는 결국 순수하지도 투명하지도 않은 돈의 쓰임새에서 나오고 있다.

부동산 개발로 단군 이래 최대의 이익을 냈다는 화천대유 대주주 김만배 씨는 얼마나 기부했을지 궁금했다. 여러 차례 국세청 홈택스를 뒤졌으나 나오지 않았다. 그런데 얼마 전 그가 기부했다는 뉴스가 떴다. 여주시의 한 사찰에 16억 5,000만 원이나 기부했다. 그러나 쓰임새는 알 수 없었다. 종교단체는 결산서류 공시의무가 없기 때문이다. 물론 기부에 따른 세제 혜택은 주어진다. 누릴 건 누리고 책임은 면제되는 최고의 재테크를 한 셈이다. 검찰은 돈세

국가별 청렴도, 회계 투명성, 행복지수

순위	세계 청렴도	회계 투명성	행복지수
1	덴마크	핀란드	핀란드
2	핀란드(공동2위)	덴마크	덴마크
3	뉴질랜드(공동2위)	홍콩	스위스
4	노르웨이	스웨덴	아이슬랜드
5	싱가포르	스위스	네덜란드
6	스웨덴(공동5위)	카타르	노르웨이
7	스위스	싱가포르	스웨덴
8	네덜란드	캐나다	룩셈부르크
9	독일	오스트리아	뉴질랜드
10	아일랜드	독일	오스트리아
한국순위	31위	53위	61위
대상국가	180개국	63개국	146개국
기준년도	2022년	2022년	2023년
조사기구	국제투명성기구	IMD	행복한 국가분포도

주 : 회계 투명성 국별 순위는 2020년 기준

탁 여부를 살펴보고 있다고 한다. 이쯤 되면 김 씨의 기부를 둘러싼 논란 자체로 이미 우리는 더 불행해진 셈이다.

    노동조합의 회계 투명성을 둘러싼 논란도 이렇게까지 대치가 벌어질 만한 일인지 의문이다. 노동의 대가인 '돈' 문제로 조합원을 실망하게 해서는 안 된다. 거기에 양대 노총은 국고 지원과 지자체의 보조금까지 받았다. 조합비에 대한 세제 혜택에 더해 국민들의 혈세까지 받았다면 이런 논란이 벌어지는 것 자체를 수치스럽게 여겨야 한다. 노동운동의 자부심을 위해서도 투명성은 지켜져야 한다. 이것이 노동자를 행복하게 하는 길이다.

국가행복지수 상위 10개국을 보면 상당수가 국가 청렴도나 회계 투명성에서 상위를 차지하고 있다. 세계행복보고서에 따르면 이들은 코로나 팬데믹 기간에도 GDP의 감소를 사회적 연대나 선행활동으로 상쇄했다. 자선활동은 코로나 이전보다 25%나 늘었다고 한다. 그래서 깨끗한 나라의 국민은 예외없이 행복했다. 반면 돈이 많은 우리는 돈의 순위와 행복의 순위가 일치하지 못하고 미스매치가 일어났다. 깨끗하지 않아서 생긴 일이다. 정치도, 기업도, 공익법인도, 노동조합도 투명성을 기준으로 해 더 깨끗해져야 한다. 이것이 국민을 행복하게 하는 길이다. ‖데일리임팩트 2023.03.29.

에필로그

나눔의 진정한 의미를
생각하자

"한 달에 2만 원만 기부하면 아프리카 아이들을 살릴 수 있습니다.", "월 3만 원이면 희귀병을 앓는 OO에게 희망을 줄 수 있습니다." 아마 TV나 인터넷 배너 광고를 통해 하루에 한 번 이상은 보게 되는 광고 문구일 것이다. 아프리카에 사는 아이가 눈을 뜨지 못하고 울고 있는 모습, 깨끗하지 않은 물을 마시는 아이의 모습은 전형적인 후원 모금 광고에서 쉽게 찾아볼 수 있다. 이처럼 NGO나 국제개발협력 분야에서 일하는 자선단체들은 그들이 돕고자 하는 저소득 국가 사람들의 일상적인 현실을 더 자극적으로 묘사하여 동정심을 불러 일으키고 있고 우리는 이것을 '빈곤포르노'라고 부른다.

　몇 년 전, 지인이 국제개발협력 사업을 하는 NGO에서 근무했었을 때 겪었던 일은 '빈곤포르노'를 단편적으로 보여준다. 연말 기획 모금 프로그램의 일환으로 대형 NGO들이 모여 1편당 약 20~30분 가량 분량의 영상을 TV로 송출하여 모금 방송을 진행하게 되었는데, 지인은 후원 전화를 받기 위한 TF(Task Force)팀의 팀원으로 일하게 되었다. 한 공간에서 여러 NGO 단체의 직원들이 전화를 받을 수 있게 전화기가 세팅되어 있었고, 약 200여 명의 사람들이 각자의 책상에 앉아 걸려 오는 전화를 받았다고 한다. 영상을 제작한 미디어팀의 직원과 TF팀의 팀장이 전화응대 요령 등을 설명해 주는 오리엔테이션을 진행해 주었는데 그 내용이 가히 놀라웠다. "A(유명연예인) 씨가 아이를 안고 눈물을 흘리면 전화가 계속 쇄도할 거예요. 영상 보다가 그런 장면 나오면 바로 전화 오니까 잘 대기하고 있어요." 그리고 놀라운 것은 정말 그들의 말대로, 요지부동이던 전화벨은 A씨가 눈물을 흘리는 장면이 지나간 뒤 연달아 울리기 시작했다는 점이다.

   단체들이 영상이나 사진을 적극 활용하여, 대중들이 더 좋은 사회를 만들기 위해 기부할 수 있게끔 독려하는 것은 매우 의미 있는 일이다. 하지만 이들이 모금을 위한 마케팅 활동을 할 때에는, 현실을 어떻게 보여줄 것인가를 치열하게 고민해야 한다. 모금 활동을 하는 NGO는 현실을 반영한 영상이나 사진을 사용하고 있는가, 아니면 현실을 새롭게 재구성한 결과물로 모금하고 있는가. 여전히 많은 단체들의 모금 광고는 자극적이다. 빈곤포르노에 대한 자성의 목소리가 늘어나고 있지만, 아직도 흑인 아이가 뼈만 앙상하게 남아 눈도 잘 뜨지 못한 채 엄마 품에 안겨 있는 모습을 모금단체 홈페이지 화면에서 쉽게 접할 수 있지 않은가. 공감을 이끌어내기 위한 노력이 오히려 개발도상국의 현실을 왜곡하고 있다.

물론 NGO들의 변화도 보인다. 최근 몇 년 사이 일부 NGO는 이들의 인권침해 문제를 인식하고, 모금 커뮤니케이션의 방식을 바꿨다. 글로벌 NGO '월드비전'은 최근 <Chosen: 아이의 선택>이라는 캠페인을 통해, 후원받는 아동이 직접 후원자를 선택하도록 했다. 이제까지는 후원하는 사람이 아동을 '고를' 권리가 있다는 것이 당연하게 여겨져 왔다면, 아동이 후원자를 선택한다는 점에서 새로운 기부의 형태를 제시했다. 뿐만 아니라 빈곤포르노에 대한 내부에서의 논의를 통해 모금과 인권의 문제를 고민하는 교육세미나도 이루어지고 있다. 국제개발협력 분야의 발전을 고민하는 '발전대안 피다'는 2022년 9월 '인권과 모금 사이 : 빈곤포르노의 딜레마'라는 주제로 자선단체에서 일하는 사람들이 모여 인권을 해치지 않으면서도 기부자들의 마음을 움직이는 대안적인 모금의 가능성에 대해 논의하는 세미나를 개최하였다. 바람직한 변화이다.

빈곤포르노를 이용한 모금 활동의 방식은 바뀌어야 한다. 지나치게 선정적으로 빈곤의 이미지를 보여주어 이를 통해 더 많은 모

아동 권리 보호를 위한 미디어 가이드라인

사진 촬영 시 준수사항

- 사진은 콘셉트에 맞춰 촬영하되 가급적 촬영 대상의 눈높이에 맞춰 찍습니다.
- 아동의 이미지가 출판, 광고, 신문, 온라인 등 다양한 목적으로 사용될 경우, 사전에 해당 아동과 보호자에게 사진 활용에 대한 명확한 정보를 전달하고 분명한 동의를 구합니다.
- 촬영 중 아동이 촬영 거부 의사를 표현한 부분에 대해서는 촬영을 중단합니다.
- 해당 지역아동들을 단체 촬영해야 할 경우, 아동의 인원수를 조절하고 모두에게 이미지 사용에 대한 안내를 한 후 서면 혹은 구두 동의를 받습니다.

동영상 촬영 시 준수사항

- 촬영 전 촬영 인력에게 해당 사업과 현지 지역사회에 대한 배경을 설명해야 합니다.
- 간단한 현지어(기본인사 및 감사 표현)를 숙지하고 촬영 대상의 이름을 불러줍니다.
- 대부분 촬영을 처음 경험하는 경우가 많으므로 촬영 전 시간을 할애하여 촬영 대상과 유대감을 형성합니다.
- 사실에 기반한 최소한의 연출이 필요한 경우, 그 의도를 충분히 설명하고 사전에 반드시 동의를 구합니다.
- 아동의 일상생활에서 벌어지는 일을 재연하는 것은 가능하지만 평소 하지 않는 일을 연출해서는 안 됩니다.
- 인터뷰 시 주변 이웃들이 구경하지 않도록 촬영 현장을 통제해야 하며, 구경꾼들이 많이 모였을 경우에는 공식적으로 촬영 의도를 설명하여 촬영 대상에 대한 오해가 발생하지 않도록 합니다.
- 촬영을 위해 아동을 의도적으로 위험한 상황에 노출시켜서는 안 됩니다.
- 인터뷰 시 제작진을 최소한으로 두입하고 개방되지 않은 장소를 택해 아동이 심적으로 안정된 상황 속에서 촬영합니다. 여아의 경우 가급적 여성이 인터뷰해야 합니다.
- 현지 풍습에 맞춰 진행하되, 공동체 위계질서가 강한 개발도상국에서는 되도록 마을 어른(이장, 촌장 등)에게 먼저 인사하고 촬영 의도를 설명한 뒤 촬영을 시작합니다.
- 말이 통하지 않는다고 설명 대신 옷을 잡아당기거나 신체에 손을 대서는 안 됩니다.
- 야간 촬영은 반드기 현지 직원 및 아동과 보호자의 동의를 받아 진행하며, NGO는 위험하지 않은 안전한 촬영 환경을 마련해야 할 책임이 있습니다.
- 현지 상황을 충분히 고려하고, 무리한 재촬영을 강행하지 않습니다.
- 민감한 장소에서는 정부의 허락 없이 촬영하지 않습니다.(예: 국립 병원 등)
- 숨진 가족의 이야기를 아동이 직접 말하는 상황을 연출해야 할 때는 신중하게 결정합니다. 아동의 마음에 상처가 되지 않도록 하며 반드시 필요한 상황인지 점검합니다.

출처 : KCOC 국제개발협력민간협의회(www.ngokcoc.or.kr)

금을 꾀하고 있지만, 오히려 그들의 문제 해결을 돕기보다는 그들에 대한 사회적 편견과 차별을 더 크게 만들어내고 있지 않은지 생각해 보아야 한다. 자극적인 장면이 계속될수록 더 자극적인 장면을 찾고, 연출하는 악순환이 계속될 수 있다는 것을 명심해야 한다.

후원자들 역시 이제 나눔의 진정한 목적을 생각해 보아야 한다. 후원을 결심하는 사람 모두 '더 많은 사람이 기본적인 권리를 갖고, 함께 행복하게 사는 세상을 바라는 마음'에서 후원하고 있을 것이다. 감정에 호소하는 광고를 보고 측은지심에 즉흥적으로 기부하지 말아야 한다. 빈곤포르노에 나도 모르게 중독되어, 가난한 사람을 돕는 '우월한 사람'이 되고자 후원해서는 안 된다. '국세청'이나 우리나라 공익법인 평가기관인 '한국가이드스타'의 객관적 정보를 활용하여 기부금을 잘 사용하고 있는 단체, 본인이 관심이 있는 분야의 사업을 효과적으로 잘 수행하고 있는 단체, 그리고 투명하고 효율적으로 사업을 하는 단체인지를 꼼꼼히 살피어 현명한 기부를 하길 바란다.

권오용 (만정, 卍鼎)

1955년 경북 영주에서 출생했다.
서울사대부고와 고려대학교를 졸업했다.
기업인으로 전경련, 금호, KTB네트워크, SK, 효성에서
일했고, 현재 재단법인 한국가이드스타 상임이사를 맡고 있다.
한국가이드스타는 기부금 사용의 검증을 통한 공익법인의 투명성
확보를 위해 2008년 우리나라에서 최초로 설립된 공익법인 평가 기관(비영리법인)이다.

기업 재직 중 이해관계자간의 소통을 바탕으로 기업구조조정과 위기관리에서 탁월한 성과를 올렸다. 제2 이동통신사업자 선정(1994), 빅딜(대기업간의 사업교환, 1998), 동아생명 인수(2000), 이베이의 옥션 M&A(2001), 팬텍 큐리텔 합병(2002), 소버린의 SK에 대한 적대적 M&A 무산(2005), SK그룹의 지주회사체제 전환(2007), SK텔레콤의 하이닉스반도체 인수(2012), 효성그룹의 위기관리(2014) 등이 그가 관여해 성공시킨 프로젝트들이다. 물론 실패 사례도 많다.

전경련 재직 중 영국의 런던상의(LCCI)와 일본의 게이단렌(經團連)에 파견근무했다. 국제경제실장으로 한국의 미국비자면제프로그램(ESTA)을 추진했고 우리나라의 OECD 가입을 지원했다. 전경련 사회공헌위원회를 설립해 기업CSR(기업의 사회적 책임)에 체계적 개념을 도입했다. 2000년 KTB네트워크 재직 중 100여 벤처기업들의 경영플랫폼인 KTBn클럽을 결성해 운영했고 2004년 이후 SK그룹에 재직하면서 SK브랜드관리체계를 세우고 핵심브랜드 '행복날개(Wings of Happiness)'를 출범시켰다. 2013년 효성그룹의 고문으로 취임해 위기관리를 담당했다.

저서로는 『사람은 기업을 만들고 기업은 세계를 만든다』(1995, 고려원), 『제5의 경영자원』(1997, 사람들·역서), 『한국병-진단과 처방』(2001, FKI미디어), 『가나다라ABC』(2013, 조선뉴스프레스), 『대한혁신민국』(2015, FKI미디어), 『한국경제를 만든 이 한마디』(2015, 프리이코노미북스), 『한국경제를 만든 이 순간』(2018, 더벨) 등이 있다. 이 중 『한국병』과 『한국경제를 만든 이 한마디』는 중국에서 번역, 출간됐다.

卍鼎은 권오용의 아호이다. 큰 뜻을 담아 펴내라는 뜻이다.

내 기부금,
어떻게 쓰이는지
아시나요